Elke Heidenreich, geboren 1943, lebt in Köln; seit 1970 arbeitet sie als freie Autorin und Moderatorin bei Funk und Fernsehen sowie für verschiedene Zeitungen; Fernseh- und Hörspiele, ein Film, ein Theaterstück, zahlreiche Serien; 17 Jahre Kolumnistin bei der Zeitschrift *Brigitte*.
Zuletzt erschienen die Erzählungen «Der Welt den Rücken» und die Geschichten «Rudernde Hunde» gemeinsam mit Bernd Schroeder.
Im Rowohlt Taschenbuch Verlag liegen u.a. vor: «Kolonien der Liebe», Erzählungen (rororo 13470) und die «Also ...-Kolumnen aus *BRIGITTE*» Band 1–5.

Elke Heidenreich | **Wörter aus 30 Jahren**
30 Jahre Bücher, Menschen und Ereignisse
Rowohlt Taschenbuch Verlag

5. Auflage August 2003

Originalausgabe Veröffentlicht im Rowohlt Taschenbuch Verlag GmbH, Reinbek bei Hamburg, Februar 2003   Copyright © 2003 by Rowohlt Taschenbuch Verlag GmbH, Reinbek bei Hamburg Umschlaggestaltung any.way, Cathrin Günther (Foto: Isolde Ohlbaum)   Satz aus der Stempel Garamond und der PMN Caecilia PostScript, PageMaker, bei Pinkuin Satz und Datentechnik, Berlin Druck und Bindung Clausen & Bosse, Leck   Printed in Germany **ISBN 3 499 23226 x**   Die Schreibweise entspricht den Regeln der neuen Rechtschreibung.

Inhalt

Vorwort | **7** Janusz Korczak bekommt den Friedenspreis des Deutschen Buchhandels | **11** Die Tagebücher der Anaïs Nin | **38** Their work is selling. Über Schaufensterpuppen | **44** Untergang – du meine Lust. Über die Neue Deutsche Welle | **51** Klassefrauen. Eine Polemik | **58** «Nichts ist ihm lieber als eine Panne.» Über Harald Schmidt | **64** Die Schönen von Hollywood | **70** «Da gehst du nicht hin!» Über Rockmusik | **74** Harry Rowohlt: Pooh's Corner. Annäherung an den Dichter | **81** Der Mann und sein Auto | **84** Chris Howland: Happy Days? Ein Vorwort | **91** Besuch bei Johannes Mario Simmel | **96** Männerfreundschaften. Überlegungen zu zwei Grundwahrheiten | **102** Eine Tüte Hass. Über Berlin | **107** Dumme Fragen an die Dichter | **110** Wer nicht liest, ist doof | **115** Wo war Lolitas Freundin? | **128** Eine transatlantische Liebe. Simone de Beauvoir und Nelson Algren | **133** Hugh Lofting: Dr. Dolittle und seine Tiere | **149** Meine Pinguine | **156** Über Rowohlts Rotationsromane. 50 Jahre rororo | **169** Isolde Ohlbaums Schriftstellerporträts | **178** Eine Reise mit der QE2 über den Atlantik | **186** Eindrücke aus Schottland | **197** Oper ist Aufruhr. Eine Liebeserklärung | **201** Die Lyrikerin Christine Lavant | **209** «Ich bin ein glücklicher Mensch». Über Inge Feltrinelli | **212** «Adressat unbekannt» von Kressmann Taylor | **219** Jetzt leben! | **225**

Für Bernd, der seit mehr als dreißig Jahren all meine Wörter hört, liest und klug kommentiert. Danke.

Vorwort

Vor dreißig Jahren war ich genau halb so alt wie jetzt. Vor dreißig Jahren hatte ich zu vielen Menschen, Büchern, Dingen eine andere Meinung als heute. Und doch ist eine Grundlinie geblieben, und das habe ich selbst ganz erstaunt festgestellt, als ich jetzt für dieses Buch meine vielen Funk- und Zeitungsbeiträge aus den alten Ordnern noch einmal las und auswählte. Damals war ich kämpferischer, heute bin ich melancholischer, aber der Zorn über und das Unverständnis für vieles, was in dieser Welt passiert, ist geblieben. Die Liebe zu Büchern und Tieren ist geblieben, das Vertrauen in die Redlichkeit der Politik ist weitgehend abhanden gekommen, die Schrecken des Reisens sind durch einige wunderbare Reisen abgemildert worden. Von all dem findet sich ein wenig in diesem Buch.

Am fleißigsten war ich den 70er Jahren, und doch haben wir daraus nur ein einziges Radiofeature aufgenommen, das über den polnischen Arzt Janusz Korczak. Es entstand für den Südwestfunk, wurde von anderen Sendern übernommen und von Zeitungen gekürzt nachgedruckt. Es war mir ein Anliegen, an diesen damals weitgehend vergessenen Mann zu erinnern. Ansonsten fallen in diese 70er Jahre etwa drei- oder auch viertausend Else-Stratmann-Kommentare, ich kann nur schätzen, aber es waren wirklich viele Zwischenrufe der streitbaren Metzgersgattin, die im SWF, im WDR und während zweier Olympiaden im ZDF über den Sender gingen. Davon erzählen andere Bücher. In dieser Zeit entwickelte sich SWF 3 zu Deutschlands beliebtestem Radiosender, und mein Mann Bernd Schroeder und ich schrieben damals unter dem Namen Schroeder-Heidenreich unzählige Rezensionen, Glossen, Kommentare, Porträts – das füllt meterweise Ordner auf unserm Speicher. Aber sollte ich in dieses Buch eine alte Sendung über Landserheftchen, ein Peter-Alexander-Porträt oder einen Kommentar zur «Blume des Jahres 1980» aufnehmen? (Es war der Lungenenzian, gentiana pneumonanthe.) Das ist heute alles nicht mehr so wichtig. Korczak war mir wichtig, und so ist er drin, als einziges Textbeispiel aus dieser frühen Zeit.

In den 80ern begann die Zusammenarbeit mit *Brigitte*, für die ich siebzehn Jahre als Kolumnistin schrieb – auch davon zeugen andere Bücher. Aber außer der Kolumne gab es viele Auftragsarbeiten für *Brigitte* – Essays und Beiträge, die mich gefordert und gefördert haben, ich bin dankbar für diese Arbeitsmöglichkeit und für die immer angenehme Zusammenarbeit mit klugen Frauen. Einige der Beiträge sind in diesem Buch, so auch der letzte, ein Essay über Wünsche und Träume und das, was im Leben oft daraus wird, wenn wir nicht auf unsere Träume aufpassen. Er erschien fast zeitgleich mit diesem Buch, und so ist es nun ein aktueller Schluss geworden, denn da bin ich angekommen: im Heute. Ich sehe unerfüllte Träume hinter mir und erfüllbare vor mir, und das Lesen und Schreiben, die Liebe zu Tieren, der Zorn auf Dummheit und die Ratlosigkeit gegenüber der Politik, das alles wird immer dazu und immer zu mir gehören. Und so geben die Beiträge in diesem Buch zwar ein bisschen ein Bild von mir ab, aber ich hoffe sehr, dass sie auch stellvertretend für das stehen, was andere Menschen erlebten, erleben, fühlten und fühlen und dachten und denken. Ich habe mich immer nur als ein Sprachrohr empfunden, nie als missionarischer Wegweiser für eine Richtung, in die es geht. Es gibt keine Sicherheiten, in gar nichts. Und missionarisch bin ich nur in einem, nie nachlassenden Punkt: Ich wünschte mir, die Menschen würden mehr lesen, mehr auf die Dichter hören und ihr eigenes kleines Leben einordnen in das große Ganze – Bücher, die Geschichten von Menschen und ihren Schicksalen erzählen, helfen dabei. Dass ich meinen Lebensunterhalt seit dreißig Jahren mit Lesen und Schreiben verdienen kann, ist mein größtes Glück und war im Leben mein größter Wunsch. So gesehen trau ich mich jetzt, mit 60, das zu sagen, was Inge Feltrinelli von sich sagt: «Ich bin ein glücklicher Mensch.»

Elke Heidenreich, 2003

Janusz Korczak bekommt den Friedenspreis des Deutschen Buchhandels

Janusz Korczak war Arzt, Pädagoge und Schriftsteller zugleich. Es ist unbestritten, dass er in jedem dieser drei Berufe Außergewöhnliches geleistet hat, und diese dreifache Tätigkeit ließ ihn schon zu seinen Lebzeiten zur Legende werden. Die Umstände seines Todes trugen dazu bei, diese Legende noch zu untermauern – über diese Umstände schrieb Erwin Sylvanus schon vor 15 Jahren das Theaterstück «Korczak und die Kinder».
Aber von diesem Stück abgesehen war Korczak in Deutschland lange Zeit vergessen, bis der Vandenhoeck & Ruprecht Verlag in Göttingen sich um deutsche Ausgaben seiner wichtigsten Werke bemühte und bis im Verlag Anton Pustet eine Korczak-Biographie von Hanna Mortkowicz-Olczakowa herauskam. Und jetzt verleiht man diesem Janusz Korczak mehr als 30 Jahre nach seinem Tod den Friedenspreis des Deutschen Buchhandels.
Ist darin ein Akt der Wiedergutmachung zu sehen, weil Korczak in einem nationalsozialistischen KZ starb? Oder hat man die Aussagekraft des Schriftstellers und die Gültigkeit seiner pädagogischen Leitsätze wiederentdeckt?
Leider haben wir in Deutschland noch keine Übersicht über das Gesamtwerk Korczaks. Zum Teil wurden seine Schriften vernichtet, einiges ist noch unübersetzt. Wir halten uns im Folgenden an die vorliegenden Werke «Wie man ein Kind lieben soll», «Das Recht des Kindes auf Achtung», «König Hänschen I.», «König Hänschen auf der einsamen Insel» und an Hanna Mortkowicz-Olczakowas Biographie.

Wir kennen weder das genaue Geburts- noch das genaue Todesdatum des Janusz Korczak. Wegen einer Nachlässigkeit seines Vaters, als es um die Geburtsurkunde ging, ist sein Geburtsjahr unbestimmt: 1878 oder 1879. Das Todesjahr ist 1942, aber der Tag seines Todes im Vernichtungslager Treblinka ist unbekannt.

Sein Name Janusz Korczak war eigentlich gar nicht sein Name, sondern ein Pseudonym. Janusz Korczak wurde als Sohn des Warschauer Rechtsanwalts Jozef Goldszmit geboren, sein Großvater war Arzt im Lubliner Bezirk. Man nannte den Sohn nach dem Großvater: Henryk.

Die Familie Goldszmit war jüdisch, doch Henryk wuchs nicht in der Tradition der mosaischen Religion auf. In seinen Kindheitserinnerungen findet sich nichts, was ihn von den polnischen, christlich erzogenen Kindern der damaligen Zeit unterscheidet. Dank seiner freidenkerischen Erziehung war Henryk Goldszmit unbefangen in Fragen der Religion und der Rasse.

Er fühlte sich in nationaler Hinsicht eher als Pole denn als Jude. Erst in seinem letzten Lebensjahrzehnt, nach zwei Israelreisen und in einer Zeit des Boykotts und zunehmender Verfolgung der Juden, fühlte er sich als Jude, und sein Mitgefühl verpflichtete ihn zur freiwilligen Solidarität mit den verfolgten Juden. Seine Biographin schreibt: «Geboren in einer Periode der Toleranz und des Liberalismus und fern der Welt des jüdischen Ghettos, kam er in den Flammen des untergehenden Warschauer Ghettos um.»

Seine große Trauer über die Diskriminierung der Juden ließ ihn zur Zeit des zunehmenden Separatismus und Rassenhasses sogar zu einer jungen Erzieherin eines Waisenhauses sagen, als sie Angst hatte, die Kinder könnten beim Baden ertrinken: «Das macht Ihnen Sorgen? Und wenn Sie ertrin-

Janusz Korczak bekommt den Friedenspreis | 13

ken? Ist es nicht das Beste, was einer jüdischen Waise passieren kann?»
Janusz Korczak schreibt immer wieder über seine Kindheit als Henryk Goldszmit. Er misst den Jahren der Kindheit unermesslichen Wert bei und schreibt im Vorwort zu einem Buch des polnischen Pädagogen und Medizinprofessors Jedrzej Sniadecki: «In den Lebensläufen ist die Kindheit jener Berg, von dem der Strom des Lebens seinen Anfang, seinen Anlauf und seine Richtung nimmt. Wie können wir sie geringschätzen? Doch wir setzen uns leichtfertig über die Kinderjahre hinweg, tun die Jahre der Jugend mit einer geringschätzigen Phrase ab. Diese unerhörte Ignoranz und Gleichgültigkeit ist das Resultat unserer Einstellung zu Kindern und Jugendlichen.»
Die Kindheit des Henryk Goldszmit erinnert an die Romane des 19. Jahrhunderts, in denen kleine Helden grausige Schicksale erleiden. Hanna Mortkowicz schreibt treffend über solche Romane: «In den ersten Kapiteln solcher Bücher liest man vom Wohlstand, von vornehmen Salons, von zahlreicher Dienerschaft; plötzlich kommen trübe Zeiten, das hilflose, in Luxus und Illusionen aufgewachsene Kind ereilt ein Missgeschick nach dem andern, Krankheit, Bankrott, Tod des Vaters, Elend, Not und Plackerei, bis am Ende das Gute wieder triumphiert.»
Und tatsächlich spielte sich Henryks Kindheit genauso ab. Anfangs als reiches Salonkind verwöhnt, erfuhr er plötzlich, was Armut und Elend ist: Der Vater starb in geistiger Umnachtung, nachdem er zuvor das gesamte Vermögen durchgebracht hatte, und Henryk musste als Schüler mit Nachhilfestunden zum Lebensunterhalt von Mutter und Schwester beitragen.
In dieser Zeit lernte er, der so behütet, isoliert und einsam

aufgewachsen war, andere Kinder kennen – und, was noch wichtiger war: Kinder anderer Stände. Er begegnete den blassen und hungrigen Kindern in Dachkammern und Kellerwohnungen des Weichselviertels, den pfiffigen und gewitzten Kindern der Straße, den verängstigten Kindern im Krankenhaus und den voll gestopften, bevormundeten Kindern reicher Leute.

Er war erschrocken über die Willkür, mit der dumme und grausame Eltern und stumpfsinnige Lehrer viele dieser Kinder behandelten und zerbrachen, und in dieser Zeit entstand wohl sein Entschluss, sich für die Rechte der Kinder einzusetzen. Dabei dachte er noch nicht daran, als Pädagoge zu arbeiten.

1898 begann Henryk Goldszmit an der Warschauer Universität sein Medizinstudium – er wollte Kinderarzt werden. Und ein Jahr später, 1899, erschien Henryk Goldszmit zum ersten Mal als Janusz Korczak: bei einem literarischen Wettbewerb benutzte er den Namen des Helden aus einem Roman von Jozef Kraszewski als Pseudonym: Janasz Korczak. Er erhielt bei dem Wettbewerb einen Preis, und bei der Zusammenstellung der Preisträgerliste irrte sich der Setzer um einen Buchstaben: aus Janasz wurde Janusz. Igor Newerly, Herausgeber der polnischen «Ausgewählten Werke», schreibt im Vorwort zur deutschen Ausgabe: «Einige Jahre hindurch, etwa 1899 bis 1902, leben sie beide nebeneinanderher: Henryk und Janusz. Henryk studiert Medizin, arbeitet, schafft den Lebensunterhalt für sich selbst, für Mutter und Schwester – als Hauslehrer und von den armseligen Honoraren für seine Feuilletons in der humoristischen Wochenzeitung *Kolce* (Stacheln). Manchmal verschwindet Henryk von der Universität und aus der Redaktion, und dann erscheint Janusz in der Altstadt. Er

Janusz Korczak bekommt den Friedenspreis | 15

unterrichtet die Kinder, behandelt sie und nimmt sich ihrer an.»
Anfangs richtete Korczak Vorwürfe und Forderungen an die Eltern, an die Institutionen, an die trübe Wirklichkeit dieser Altstadt, doch dann stellte er diese Forderungen immer häufiger an sich selbst: Er wollte diesen Kindern zu einem würdigen Dasein verhelfen, ihre Situation ist das Hauptthema seines frühen literarischen Schaffens.
1901 schreibt er den Roman «Kinder der Straße», fünf Jahre später entsteht «Das Salonkind», ein Roman über einen Jugendlichen, der aus den Salons der Bourgeoisie auszubrechen versucht. Dieser Roman macht den jungen Kinderarzt in ebenjenen Salons plötzlich berühmt.
Korczaks erste Bücher sind schon Ausdruck der Niedergeschlagenheit über soziales Unrecht und gesellschaftliche Härten. Man muss dazu vielleicht wissen, dass die Jahre, in denen diese Bücher entstanden, entscheidende Jahre für die polnische Politik waren: Sie ging, wie es Newerly ausdrückt, «aus den Salons auf die Straßen».
Korczak war zwischen 1898 und 1900 als Student erstmals mit der Politik in Berührung gekommen: Es kam wiederholt zu politischen Aktionen gegen das System des Zarismus, Gruppen der drei großen polnischen Parteien – der Polnischen Sozialistischen Partei, der Sozialdemokratie und der Nationaldemokratie – bekämpften einander im Hof der Universität, und die Professoren mussten sich mit strengem Reglement und Schikanen herumquälen. Oft genug wurden sie wegen «politischer Unzuverlässigkeit» gar nicht mehr beschäftigt und lehrten stattdessen an der so genannten Fliegenden Universität, einer illegalen, konspirativen Hochschule, an der die damals bedeutendsten Gelehrten Polens ohne Lehrstühle, ohne Einkommen und ohne

Arbeitsplätze unterrichteten, in ständiger Furcht vor der Entdeckung und Verhaftung.

An dieser «Fliegenden Universität» studierte auch Korczak, hier diskutierte er aktuelle soziale und gesellschaftspolitische Fragen, äußert sich aber in seinen Werken weder in ideologischer noch in politischer Hinsicht. Igor Newerly schreibt: «Er verharrt bis zu seinem Lebensende in einer entschieden unpolitischen Haltung, und er bleibt skeptisch gegenüber der Möglichkeit, ein Problem auf revolutionärem Wege zu lösen.» Doch: «Die Revolution und die Klassenkämpfe lehren ihn, obgleich er an ihnen nicht teilnimmt, das Kind unter dem Aspekt der Interessenkämpfe zu sehen, und er wird infolgedessen zum Kämpfer.»

Klassenkampf sah Korczak vor allem zwischen den Generationen. Die Kinder wurden in dieser unruhigen Zeit für ihn mehr zum eigentlichen Proletariat, zum «Proletariat auf kleinen Füßen», mit der mühseligen Aufgabe des Wachsens beschäftigt. Korczak wollte der Fürsprecher dieses ältesten Proletariats der Welt werden, von dessen Verfolgung für ihn schon das Opfer Isaaks, die Vertreibung Hagars und Ismaels in die Wüste oder der Kindermord in Bethlehem zeugten.

1904 beendete Korczak sein medizinisches Studium und nahm seine Arbeit als Kinderarzt in einem Warschauer Krankenhaus auf. In reichen, snobistischen Kreisen interessierte man sich für den jungen Arzt und Autor des «Salonkinds» und lud ihn zu Konsultationen ein. Doch Korczak legte auf solchen Ruhm keinen Wert, ihn bedrückte in diesen Salons der immense Unterschied zwischen dem Überfluss der Reichen und dem Elend der Armen, das er so gut kannte.

Im Russisch-Japanischen Krieg arbeitete Korczak als Armeearzt in einem Feldlazarett in der Mandschurei. In den Jahren danach vervollkommnete er seine medizinischen Kenntnisse bei längeren Arbeitsaufenthalten in Berlin, Paris und London. Nach Warschau zurückgekehrt, führte er eine glänzend gehende Praxis als Kinderarzt; seinen Urlaub benutzte er, um als Erzieher in den Ferienkolonien mitzuarbeiten, die von Wohltätigkeitsvereinen für die allerärmsten Kinder eingerichtet wurden.

Nach sieben Jahren gab er seine florierende Praxis plötzlich auf: Er wollte nur noch als Erzieher arbeiten, und zwar für die ärmsten der armen Kinder, für jüdische Waisenkinder.

«Wir haben wohl gewissenhaft das kranke Kind untersucht, aber erst vor kurzem haben wir damit begonnen, auch das gesunde zu beobachten. Denn seit hundert Jahren ist das Krankenhaus Untersuchungsfeld, und das Erziehungsinstitut ist noch weit davon entfernt, die gleiche Aufgabe zu übernehmen.»

«Es irren sich jene, die da meinen, ich wäre, als ich das Krankenhaus um des Internates willen im Stich ließ, der medizinischen Wissenschaft untreu geworden. Nach acht Jahren Krankenhausarbeit hatte ich ausreichend begriffen, dass alles, was nicht so zufällig ist wie das Überfahrenwerden durch ein Auto oder das Verschlucken eines Nagels, bei einem Kind nur durch eine mehrjährige klinische Beobachtung erkannt werden kann; diese darf nicht sporadisch sein, wie bei einer Krankheitskatastrophe, sondern täglich, wie in den lichten Zeiten des Wohlergehens.»

In den späteren Jahren der Resignation empfand Korczak diesen Entschluss doch manchmal als eine Art Verrat an der Medizin. So schrieb er 1942 in sein Tagebuch: «In den Jahren danach wurde ich das unangenehme Gefühl nicht los, desertiert zu sein. Ich hatte das kranke Kind, die Medizin und das Krankenhaus verraten. Falscher Ehrgeiz hatte mich gepackt: Arzt und Bildhauer der kindlichen Seele. Der Seele. Nicht mehr und nicht weniger. Ach, du alter Tor, du hast dein Leben und die Sache verpfuscht.»

Doch auch als Erzieher, Schriftsteller, Leiter zweier Waisenhäuser blieb Korczak sein Leben lang als Arzt tätig, der die Wunden der Kinder mit Jod bepinselte, Impfungen durchführte, in entzündete Hälse blickte, Pflaster klebte, Arme und Beine schiente. Aber im Grunde interessierte ihn das psychisch kranke, seiner Eltern beraubte Kind mehr als das organisch kranke. Für uns heute ist es von Bedeutung, dass er sein praktisch-pädagogisches Interesse am Kind literarisch reflektierte.

Korczak hat zwei Kriege und zwei Revolutionen miterlebt und gesehen, dass es in Polen nach der Unabhängigkeit auch nicht menschenwürdiger zuging als irgendwo anders. Er sah eine bessere Zukunft nicht in einer besseren Gesellschaftsordnung, sondern in einem besseren Menschen, und das bedeutete für ihn: in besserer Erziehung des Kindes.

«Die Welt reformieren bedeutet die Erziehung reformieren.» – «In der geistigen Erneuerung des Menschen wird das Kind die Hauptrolle spielen. Dessen bin ich gewiss.»

Er begann sich als Pädagoge für diese bessere Erziehung nun ebenso zu engagieren, wie er sich zuvor als Arzt um die Gesundheit der Kinder und als Publizist um ihre Rechte innerhalb der Gesellschaft gekümmert hatte. Er setzte sich für die Gleichberechtigung des Kindes ein: «Die Frau hat sich vor unseren Augen befreit, und das Kind ist immer noch Sklave, Objekt der Versklavung und der Leibeigenschaft. Über seinem Schicksal lastet derselbe männliche Egoismus, der sich weigerte, in der Frau ein arbeitendes

Janusz Korczak bekommt den Friedenspreis | 19

Wesen zu erblicken. Den Geist seiner Erziehung bestimmt die Fabriksirene und der Kasernendrill.»
Mit Wehmut erinnern diese zu Beginn des Jahrhunderts geschriebenen Sätze an die damals so erfolgreiche Frauenbewegung und an die heutigen, mühsamen Wiederbelebungsversuche dieser Idee. Und mit Scham lesen wir Korczaks Vorwurf von vor rund 70 Jahren, das Kind sei Objekt der Versklavung. Was hat sich in den 70 Jahren geändert? Hans Peter Bleuel hat 1971 in seiner Dokumentation über «Kinder in Deutschland» statistisches Material zusammengetragen, nach dem jährlich Zehntausende von Kindern in der Bundesrepublik misshandelt, schätzungsweise eintausend totgeprügelt werden.
Korczak wollte das Kind davon befreien, Opfer elterlicher Willkür zu sein. Er nahm es ernst als vollwertigen Menschen: «Das Kind wird nicht erst ein Mensch, es ist schon einer.» – «Es ist einer der bösartigsten Fehler anzunehmen, die Pädagogik sei die Wissenschaft vom Kind, und nicht zuerst die Wissenschaft vom Menschen.»
Immer wieder wies er auf den absoluten Wert der Kindheit hin. Er sah in ihr nicht eine Vorstufe zum künftigen Leben als nützlicher Staatsbürger, sondern er gab ihr einen Wert an sich, als eine den anderen Lebensaltern gleichberechtigte Zeit. Er forderte, das Kind in dieser Zeit nicht umzuformen und zu dressieren, sondern es zu achten, ernst zu nehmen und mit Selbsterkenntnis und Sicherheit auszurüsten.
Dieses Erziehungsprinzip versuchte er in den mehr als 20 Jahren seiner Waisenhaustätigkeit zu verwirklichen. Er leitete ab 1911 das Dom Sierot, das Waisenhaus für jüdische Kinder, und später auch zusammen mit Maryna Falska das Nasz Dom, Unser Haus, ein Heim für polnische Kinder. Beide Häuser waren gleich organisiert, Erzieher und Kin-

der beider Heime hatten engen Kontakt miteinander und erprobten die gleichen pädagogischen Methoden.
Das alles war nicht unbedingt neu: Zur gleichen Zeit existierten schon die freien Schulgemeinden in Deutschland, z. B. die Odenwaldschule, die École des Roches Demolins in Frankreich, es gab in der Nähe von Moskau Sommerkolonien, geführt nach dem Prinzip der Selbstverwaltung. Makarenko versuchte später etwas Ähnliches mit der Kollektiverziehung in den russischen Jugendkolonien, Alexander Neill leitete in England das Internat Summerhill nach neuen pädagogischen Grundsätzen. All diese pädagogischen Experimente wollten für das Zusammenleben junger Leute oder Kinder in einer organisierten Gemeinschaft ein Höchstmaß an Initiative und Selbständigkeit erreichen.
In Korczaks Waisenhäusern hatten Kinder und Erzieher genau umrissene Rechte und Pflichten. Gemeinsame Beratungen, gemeinsame, gerechte Arbeitsverteilung, gemeinsam getroffene Entscheidungen gehörten von Anfang an zu den festen Richtlinien in beiden Häusern. In beiden gab es auch das so genannte Kameradschaftsgericht als wesentliches Kriterium für den Grad der Demokratisierung.
Erwachsene und Kinder galten als gleich vor diesem Gericht. Hier konnte jeder Gehör finden, der sich ungerecht behandelt fühlte. Das Gericht war Ort des Schutzes, aber auch des Verzeihens, denn die ersten hundert festgelegten Paragraphen verziehen z. B. gleich die Vergehen, die unter sie fielen. Korczak hat über dieses Kameradschaftsgericht in seinem Buch «Wie man ein Kind lieben soll» besonders ausführlich berichtet, diese Einrichtung war ihm sehr wichtig: «Wenn ich dem Gerichtswesen unverhältnismäßig viel Platz einräume, dann in der Überzeugung, dass es zum Ausgangspunkt für die Gleichberechtigung des Kindes werden kann, zu ei-

ner verfassungsmäßigen Regelung führt und zur Verkündung einer Deklaration der Rechte des Kindes zwingt. Das Kind hat ein Recht darauf, dass seine Angelegenheit ernsthaft behandelt und gebührend bedacht wird. Bis jetzt hing alles vom guten Willen und von der guten oder schlechten Laune des Erziehers ab. Das Kind war nicht berechtigt, Einspruch zu erheben. Dieser Despotismus muss ein Ende haben.»

Im Waisenhaus, das zum Teil nach Korczaks Entwürfen gebaut worden war, gab es einen Briefkasten für Fragen, Bitten, Klagen, Geständnisse und Entschuldigungen, die man nicht mündlich vorbringen mochte; es gab für jedes Kind festes Eigentum und einen sicheren Ort, an dem es seine ihm wertvollen Sachen aufbewahren konnte. Es gab ferner die Internatszeitung, in der Beschwerden, Veränderungen, Verbesserungen, Reformen, Missstände ihren Ausdruck fanden. Jeder konnte an der Zeitung mitschreiben, jede Woche einmal las Korczak die gesamte Zeitung vor, und es gab schließlich den Sejm, das Parlament des Waisenhauses.

«Der Sejm zählt zwanzig Abgeordnete. Fünf Kinder bilden einen Wahlkreis; wer vier Stimmen auf sich vereinigt, wird Abgeordneter. An der Abstimmung nehmen alle Kinder teil, Abgeordneter kann aber nur jemand werden, gegen den kein einziges Gerichtsverfahren wegen Unredlichkeit stattgefunden hat. Die Befugnisse des Parlaments dürfen nur allmählich erweitert werden. Es mag ruhig zahlreiche Einschränkungen und Ermahnungen geben, aber sie sollten eindeutig und offen genannt werden. Andernfalls sollten wir keine Wahlen veranstalten, keine Spielerei mit einer Selbstverwaltung inszenieren und weder uns noch die Kinder irreführen. Denn ein solches Spiel wäre abgeschmackt und schädlich zugleich.»

Korczak hat nie mit den Gefühlen der Kinder herumgespielt. Und weil er sie ernst nahm, erlegte er ihnen auch Pflichten auf, für die sie Verantwortungsgefühl entwickeln mussten.

«Das Kind hat ein Gefühl für Pflichten, sofern sie ihm nicht gewaltsam aufgezwungen werden, es ist durchaus für Planung und Ordnung, es hält sich an Regeln und Verpflichtungen. Es verlangt lediglich, dass die Bürde nicht allzu schwer sei, dass sie den Nacken nicht durchscheuere und dass es Verständnis finde, wenn es zaudert, wenn es ausrutscht oder wenn es ermattet stehen bleibt, um Atem zu schöpfen. Das Kind will ernst genommen werden, es verlangt Vertrauen, erwartet Weisungen und Ratschläge. Wir verhalten uns ihm gegenüber unernst, wir verfolgen es ständig mit unserem Argwohn, wir stoßen es durch mangelndes Verständnis ab, und oftmals verweigern wir ihm sogar die erforderliche Hilfe.»

Die Kinder ernst zu nehmen hieß aber wiederum für Korczak nicht, in allen Kindern von vornherein nur liebe Wesen zu sehen, an deren Fehlern einzig der Einfluss der Umwelt und die mangelhafte Erziehung schuld seien. Er sprach sich gegen die blinde Liebe zum Kind aus, nur weil es ein Kind ist. «Unter Kindern gibt es ebenso viel böse Menschen wie unter Erwachsenen, für sie ist es freilich weder nötig noch möglich, das zu zeigen. In der Kinderwelt ereignet sich alles, was auch in der verderbten Welt der Erwachsenen geschieht. Du findest hier Vertreter aller Menschentypen und Muster aller ihrer nichtswürdigen Taten. Kinder ahmen nämlich das Leben, die Gespräche und die Bestrebungen des Milieus nach, in dem sie aufgewachsen sind, denn deren Leidenschaften sind alle bereits in ihnen angelegt.»

Korczak hat immer bedauert, dass in der Gesellschaft, in den Familien Erwachsene und Kinder in zwei Welten nebeneinanderher leben. Dadurch war die Bildung eines echten Vertrauensverhältnisses fast unmöglich.
«Entweder das Leben der Erwachsenen – am Rande der Kinderwelt. Oder das Leben der Kinder – am Rande der Erwachsenenwelt. Wann wird jener glückliche Augenblick kommen, da das Leben der Erwachsenen und das der Kinder gleichwertig nebeneinander stehen werden?»
In den ersten Jahren als Leiter des Dom Sierot schrieb Janusz Korczak «Bobo», eine Studie über ein neugeborenes Kind, die «Schmetterlingsbeichte», Tagebuchblätter eines Jugendlichen in der Pubertätszeit, und «Eine Unglückswoche», eine Erzählung aus dem Schulleben, die auch in deutscher Übersetzung vorliegt. Doch sein Hauptwerk entstand während der Zeit des 1. Weltkriegs, an dem Korczak als Lazarettarzt teilnahm. In jeder freien Minute schrieb er während dieser Zeit an seinem großen, grundlegenden theoretischen Werk «Wie man ein Kind lieben soll», das 1968 endlich auch in deutscher Sprache erschien.
Dieses Buch unterscheidet sich nicht nur durch seinen Titel von anderen pädagogischen Veröffentlichungen. Auch die Methode, nach der Korczak vorgeht, ist ungewöhnlich: Er reiht kleine Szenen, Feuilletons, Beobachtungen, Überlegungen, sachliche Erklärungen und höchst poetische Passagen in loser Folge aneinander. Das Buch ist aus der unmittelbaren Erziehungspraxis und aus ständiger Beobachtung des Kindes hervorgegangen.
«Wie man ein Kind lieben soll» ist in vier Teile gegliedert: Das Kind in der Familie / Das Internat / Sommerkolonien / Das Waisenhaus. Vieles von dem, was Korczak über das Kind, seine Entwicklung und Erziehung schreibt, wieder-

holt sich im Laufe der verschiedenen Teile – aber doch in anderen Zusammenhängen. Überflüssig ist nichts.
Der interessanteste Teil ist wohl der über das Kind in der Familie. Er enthält exakte medizinische Beobachtungen, eine pädagogische Analyse der ersten Lebensjahre, und er ist zugleich von hoher literarischer Qualität. Überlegungen tauchen auf, die 1914 sicher ungewöhnlich waren und heute hochaktuell sind: «Lange wollte ich nicht begreifen, dass man rechnen muss und besorgt sein um die Kinder, die geboren werden. In der Unfreiheit unter den Teilungsmächten, als Untertan, nicht als Staatsbürger, habe ich mich nicht darum bekümmert und nicht bedacht, dass gleichzeitig auch Schulen, Werkstätten, Krankenhäuser und kulturelle Daseinsbedingungen entstehen müssen. Eine unbedachte Vermehrung empfinde ich heute als Unrecht und leichtsinnigen Frevel. Wir befinden uns vielleicht am Vorabend einer neuen Gesetzgebung, die von den Gesichtspunkten der Eugenik und der Bevölkerungspolitik bestimmt ist.»
Das Leben des Kindes in der Familie beginnt mit der Geburt. Korczak mystifiziert diesen ersten Abschnitt nicht: «Das Kind, das du geboren hast, wiegt zehn Pfund. Davon sind acht Pfund Wasser und je eine Hand voll Kohlenstoff, Kalk, Stickstoff, Schwefel, Phosphor, Kalium und Eisen. Du hast acht Pfund Wasser und zwei Pfund Asche zur Welt gebracht. Und jeder Tropfen dieses deines Kindes war einmal Dunst einer Wolke, ein Schneekristall, Nebel, Tau, ein Bach und das Abwasser eines städtischen Kanals. Jedes Atom Kohlenstoff oder Stickstoff war einmal Bestandteil von Millionen verschiedener Verbindungen. Du hast nur das alles zusammengefügt, was schon vorhanden war.»
Es ist wichtig, das Kind zu beobachten, aber es ist unnötig und falsch, ängstlich über jedes Weinen und jeden Schritt

Janusz Korczak bekommt den Friedenspreis

zu wachen: «Wann sollte ein Kind laufen und sprechen? Dann, wenn es läuft und spricht. Wann sollten die Zähnchen durchbrechen? Eben dann, wenn sie sich zeigen.»
«Aus Furcht, der Tod könnte uns das Kind entreißen, entziehen wir es dem Leben; um seinen Tod zu verhindern, lassen wir es nicht richtig leben. Selbst in der verderblichen Atmosphäre lähmenden Wartens auf das, was kommen soll, aufgewachsen, eilen wir ständig einer Zukunft voller Wunder entgegen. Träge, wie wir sind, wollen wir das Schöne nicht heute und hier suchen, um uns zum würdigen Empfang des morgigen Tages zu rüsten: sondern das Morgen selbst soll uns neuen Aufschwung bringen. Bedeutet denn jenes ‹Ach, wenn es doch schon laufen und sprechen könnte› etwas anderes als hysterisches Warten?
Es wird laufen, es wird sich an den harten Kanten von Eichenholzstühlen stoßen. Es wird sprechen, es wird mit seiner Sprache das Stroh des grauen Alltags dreschen. Warum sollte denn das ‹Heute› des Kindes schlechter und wertloser als sein ‹Morgen› sein? Wenn es um die Mühen geht – das Morgen wird noch mehr davon bringen. Und wenn dieses Morgen endlich da ist, warten wir erneut; denn die grundsätzliche Meinung, das Kind sei noch nichts, sondern es werde noch, es wisse noch nichts, sondern werde erst etwas wissen, es könne noch nichts, sondern werde erst etwas können, zwingt uns ja zu ständigem Warten.»
Korczak beklagte, dass die damaligen Erziehungsmethoden vor allem danach trachteten, bequeme, artige Kinder heranzubilden, die dann oft innerlich unfrei, unterdrückt und ohne Willensstärke aufwuchsen.
«Wir haben uns so eingerichtet, dass uns die Kinder möglichst wenig stören und dass sie nicht ahnen, wer wir wirklich sind und was wir tun.»

In seinem Artikel über das Internat spricht Korczak später von der «Gefängniszelle der Familie, in der sich die Kinder von heute eingesperrt fühlen.» Er warnte die jungen Erzieher: «Je dürftiger das geistige Niveau, je verschwommener das sittliche Profil, je größer die Sorge um die eigene Ruhe und Bequemlichkeit sind, desto zahlreicher begegnen dir Weisungen und Verbote, die von angeblicher Fürsorge für das Wohl der Kinder diktiert sind.»
Korczak forderte für das Kind die Möglichkeit einer freien Entfaltung, einer freien Meinungsäußerung, die Möglichkeit, unkontrolliert von den Erwachsenen seine eigene Erlebniswelt zu haben. Aber er meint damit nicht, dass alles erlaubt sein soll.
«Also sollte man alles erlauben? Durchaus nicht: wir würden aus einem sich langweilenden Sklaven nur einen blasierten Tyrannen machen. Durch Verbote stärken wir immerhin seinen Willen, wenn auch nur in der Selbstbeherrschung und Entsagung, wir entwickeln seine Phantasie, auf engem Raume tätig zu sein, seine Fähigkeit, sich einer Kontrolle zu entziehen; und wir wecken seine Fähigkeit zur Kritik.»
«Ein Kind hat das Recht, zu wollen, zu mahnen, zu fordern – es hat das Recht, zu wachsen und zu reifen und, wenn es reif geworden ist, Früchte zu bringen. Das Ziel der Erziehung aber ist: nicht lärmen, die Schuhe nicht zerreißen, gehorchen und Befehle ausführen, nicht kritisieren, sondern glauben, dass alles nur seinem Wohle dient.»
«Lass die Kinder Fehler machen, und lass sie frohen Mutes versuchen, sich zu bessern!»
«‹Du bist jähzornig›, sage ich zu einem Jungen. ‹Nun ja, dann schlag nur zu, aber nicht zu fest; brause nur auf, aber nur einmal am Tag.› Wenn ihr so wollt, habe ich in diesem

Janusz Korczak bekommt den Friedenspreis | 27

einen Satz meine ganze Erziehungsmethode zusammengefasst.»
«Der Weg, den ich zu meinem Ziel hin eingeschlagen habe, ist weder der kürzeste noch der bequemste; für mich jedoch ist er der beste, weil er mein eigener Weg ist.»
Während des Krieges lernte Korczak Maryna Falska kennen, eine polnische Sozialistin, die sich nach schweren persönlichen Schicksalsschlägen ganz der Erziehung polnischer Jugendlicher widmete. In Kiew leitete sie eine Herberge für 60 elternlose polnische Jungen, nach dem Krieg eröffnete sie in Warschau das Nasz Dom, ein Heim für polnische Kinder. Korczak und Maryna Falska arbeiteten jahrelang zusammen, später kam es zunehmend zu Meinungsverschiedenheiten.
Nach 18 Jahren gemeinsamer Arbeit im Nasz Dom trennten sich Korczak und Maryna Falska wegen unüberbrückbarer pädagogischer Diskrepanzen und trotz hoher persönlicher Wertschätzung. Maryna Falska befürchtete, dass Korczaks Erziehungssystem die Nachgiebigkeit gegenüber dem Leben begünstige, dass es die Kinder in der Geborgenheit der Heime verzärtele und unfähig mache für den Lebenskampf draußen.
Dieser Vorwurf wurde Korczak auch von anderer Seite wiederholt gemacht: dass nämlich in seinen Kinderheimen ideale Bedingungen herrschten, die die Kinder den brutalen Spielregeln der Gesellschaft gegenüber hilflos werden ließen. Die Idylle drinnen entsprach nicht der Realität draußen. Diesen pädagogischen Vorwurf griff auch die Warschauer Zeitung Politika am 5. August in einem Korczak-Gedenkartikel wieder auf.
Diesem Vorwurf könnte man den Ausspruch eines Jungen gegenüberstellen, der nach Jahren das Waisenhaus verließ

und zu Korczak sagte: «Wenn dieses Haus nicht wäre, ich wüsste nicht, dass es auf dieser Welt ehrliche Menschen gibt, die nicht stehlen. Ich wüsste nicht, dass es auf dieser Welt gerechte Gesetze gibt.»
Neben seiner Erziehertätigkeit und neben Vorlesungen am Institut für Spezielle Pädagogik in Warschau veröffentlichte Korczak weiterhin Erzählungen und schließlich 1923 eines seiner poetischsten, berühmtesten Werke: den Kinderroman «König Hänschen I.», der noch heute zu den schönsten Kinderbüchern gehört, die je geschrieben wurden.
Hänschen ist der kleine Sohn eines Königs, und nach dem plötzlichen Tod des Vaters soll er auf einmal sein Land regieren. Er stellt fest, dass er die Erwachsenen und ihre Welt nicht recht versteht und kennt, und so will er lieber König der Kinder werden und sich für deren Rechte einsetzen. Er möchte ein Reformator sein, und als Erstes schafft er ein Kinderparlament.
«Zwei große Häuser wurden gebaut, damit die Abgeordneten aus dem ganzen Land zusammenkommen und beraten könnten, wie regiert und welche Gesetze erlassen werden sollten. Das eine Parlamentsgebäude war für die erwachsenen Abgeordneten bestimmt, das andere für die Kinder. Im Kinderparlament war alles genauso eingerichtet, nur waren die Türklinken weiter unten angebracht, damit auch die allerkleinsten Abgeordneten die Türen öffnen konnten. Die Stühle waren niedriger, damit sie nicht mit den Beinen baumeln mussten. Und auch die Fenster waren weiter unten, damit sie auf die Straße hinausschauen konnten, wenn die Sitzung gerade einmal nicht sehr interessant war.»
Bei der ersten Versammlung hält Hänschen eine Rede an die Kinder.

«Ihr seid Abgeordnete», sagte Hänschen. «Bis jetzt bin ich allein gewesen. Ich wollte so regieren, dass es euch gut geht. Aber für einen allein ist es zu schwer, wenn er erraten soll, was jeder braucht. Ihr habt es leichter. Die einen wissen, was den Kindern in den Städten, die anderen, was ihnen auf dem Lande fehlt. Die jüngeren wissen, was die kleinen, andere, was die älteren Kinder brauchen. Ich glaube, eines Tages werden die Kinder der ganzen Welt genauso zusammenkommen wie vor kurzem die Könige, und dann werden die weißen, die schwarzen und die gelben Kinder sagen, was jedes von ihnen haben will. Zum Beispiel brauchen die schwarzen Kinder keine Schlittschuhe, denn bei ihnen gibt es keine Eisbahn. Die Arbeiter, sagte Hänschen, haben schon ihre rote Fahne. Vielleicht werden die Kinder sich dann eine grüne Fahne aussuchen, denn die Kinder lieben den Wald, und der Wald ist grün …»
Anfangs beschränken sich Hänschens Reformtaten auf das Verteilen von Schokolade an die Kinder oder auf Ferienverschickung ins Grüne, doch allmählich führt er die Kindergesellschaft zum totalen Sieg über die Erwachsenen: Die Minister werden abgesetzt, die Eltern müssen in die Schule gehen, während die Kinder das Land bebauen, in den Fabriken arbeiten, das Geld verdienen und somit den Ton angeben.
Doch auf die Dauer bewährt sich dieses System nicht: Die Kinder, den Erwachsenen an Kraft und Erfahrung unterlegen, zerstören die Präzisionsmaschinen in den Fabriken durch unkundige Behandlung, die Wirtschaft kommt ins Stocken und bricht schließlich zusammen. Hänschen, der glücklose Reformer, muss sich vor einem Gremium aus Königen der Nachbarländer für das angerichtete Chaos verantworten. Die einzelnen Könige haben verschiedene Ansich-

ten. Der eine meint: «Man darf Kindern kein Rechte geben. Kinder sind leichtsinnig, verstehen noch nichts und haben keine Erfahrung. Hänschen hat den Kindern Rechte gegeben, und ihr seht ja selbst, was sie damit gemacht haben. Die Erwachsenen haben sie in die Schule geschickt und selbst alles entzweigemacht. Man soll Kinder nicht schlagen, davon werden sie noch schlimmer, sie zur Strafe hungern lassen ist eine noch größere Gemeinheit, weil sie krank und schwach werden können. Man soll ihnen nur erklären, dass sie eben warten müssen, bis sie klüger sind.»
Doch der traurige König aus dem Nachbarland, Hänschens Freund, sieht die Sache anders. Er sagt: «Was hier von den Kindern gesagt worden ist, hat man früher auch von den Bauern, den Arbeitern, den Frauen, den Juden und den Negern gesagt. Den einen konnte man aus diesem, den anderen aus jenem Grunde keinerlei Rechte geben. Dann haben wir es doch getan. Sehr gut ist es immer noch nicht, aber doch schon viel besser als früher. Hänschen hat den Kindern zu viel Rechte auf einmal gegeben, man muss das langsam tun. Außerdem haben die Kinder ja auch heute schon mehr Rechte. Früher konnte ein Vater sein Kind einfach erschlagen, das darf er heute nicht mehr. Die Eltern dürfen ihre Kinder auch nicht mehr zu sehr verprügeln. Sie müssen die Kinder in die Schule schicken. Darum sollen wir lieber darüber sprechen, welche Rechte wir den Kindern noch geben können. Kinder sind doch nicht schlechter als Erwachsene.»
Die Versammlung beschließt, Hänschen auf eine einsame Insel zu verbannen. Dort hat er Gelegenheit, über alles nachzudenken – in seiner Regierungszeit war er dazu gar nicht gekommen. Aus Hänschen, dem Reformator, wird nun Hänschen, der Philosoph. Dieser Teil des Buches ist

der poetischste und zarteste: «Hänschen ist Philosoph geworden, das heißt ein Mensch, der über alles nachdenkt, ohne etwas zu tun. Ein Philosoph ist aber kein Faulpelz. Denken ist auch eine Arbeit, eine schwere Arbeit sogar. Ein gewöhnlicher Mensch sieht einen Frosch, aber das geht ihn weiter nichts an. Ein Philosoph dagegen denkt: Warum hat Gott eigentlich die Frösche geschaffen? Die fühlen sich doch gar nicht wohl? Wenn man einen gewöhnlichen Menschen anrempelt oder ärgert, dann wird er böse, er schlägt zurück oder wehrt sich auf andere Art; ein Philosoph aber denkt: Warum ist dieser Mensch so aufbrausend und raufllustig? Wenn ein gewöhnlicher Mensch sieht, dass ein anderer etwas Gutes hat, dann wird er neidisch oder er versucht, das Gleiche zu bekommen; ein Philosoph aber denkt: Könnte es wohl sein, dass jeder Mensch alles bekommt, was er haben möchte?

Und so war es eben mit Hänschen.

Hänschen sitzt am Strand, wirft Steinchen ins Wasser, eigentlich tut er gar nichts; doch sein Kopf arbeitet.»

Seine wichtigsten Gedanken schreibt Hänschen in ein Tagebuch: «Heute habe ich über das Wasser nachgedacht. Es kann entweder Wasser sein, aber wenn es heiß wird, verwandelt es sich in Dampf, und bei Kälte wird es zu Eis. Was ist es nun eigentlich wirklich: Dampf, Wasser oder Eis? Vielleicht ist es auch mit dem Menschen so, dass er sich ständig verändert.»

«Gestern habe ich aufgepasst, wie man einschläft, aber plötzlich bin ich eingeschlafen, ohne zu wissen wie. Ich würde Valentin danach fragen, aber ich schäme mich. Erwachsene schämen sich nie, aber die Kinder sehr. Wahrscheinlich, weil man sie so oft auslacht.»

In der Einsamkeit wird Hänschen allmählich mit der Ent-

täuschung über die Kinder fertig, die mit den für sie erkämpften Reformen so gar nichts anzufangen wussten. Er begreift, welche Fehler auch er gemacht hat, und er begibt sich unerkannt wieder unter die Menschen, um zu lernen. Er stirbt schließlich als junger Arbeiter in einer Fabrik.
In den Hänschen-Büchern stellt Korczak politische und soziale Probleme für Kinder verständlich dar. Er äußert durch Hänschen seine pädagogischen Absichten, insofern ist Hänschen nicht nur eine Geschichte für Kinder. In erster Linie werden hier Kinder in einer Mischung aus Märchen, Tatsachenbericht und Utopie mit den Unterschieden zwischen den Anliegen verschiedener Parteien vertraut gemacht, sie lernen, dass sie Rechte für sich verlangen können und wozu diese Rechte gut sind.
Korczaks zweites großes theoretisches Werk, das 1928 erschien, hat den Titel «Das Recht des Kindes auf Achtung». In diesem Band findet sich die Erzählung «Die Unglückswoche», eine Abhandlung über den Sinn von Schulzeitungen, Erziehungsanleitungen, Lebenserinnerungen und anderes. Der Hauptgedanke über das Recht des Kindes auf Achtung taucht hier noch stärker als in den früheren Werken auf: «Wir achten das Kind gering, weil es seine Lebenserfahrungen erst noch machen muss.»
«Es gibt gewissermaßen zwei Leben: das eine angesehen und geachtet, das andere nachsichtig und geduldet und von geringerem Wert. Wir sprechen von dem zukünftigen Menschen, dem zukünftigen Arbeiter, dem zukünftigen Staatsbürger. Das liegt noch in weiter Ferne, das beginnt wahrhaftig erst später, das wird erst in Zukunft ernst. Wir lassen gnädig zu, dass die Kinder sich an unserer Seite tummeln, bequemer ist es jedoch ohne sie.
Nein, sie waren in jedem Fall immer da und werden es auch

in Zukunft sein. Sie haben uns nicht unerwartet und nur für kurze Zeit überfallen. Die Kinder – sie sind kein flüchtiges Zusammentreffen mit einem Bekannten, den man in der Eile übersehen und mit einem Lächeln und einem Gruß leicht wieder loswerden kann. Die Kinder machen einen hohen Prozentsatz der Bevölkerung, der Menschheit, der Nation, der Einwohnerschaft, der Mitbürger aus. Sie sind ständige Gefährten. Sie waren da, sie sind da, und sie werden immer da sein.
Gibt es ein Leben nur so zum Scherz? Nein, das Kindesalter – das sind lange, wichtige Jahre des menschlichen Lebens.»
«Wir fordern: Beseitigt den Hunger, das Elend, die Feuchtigkeit und die Stickigkeit, die Enge und die Überbevölkerung. Ihr seid es doch, die ihr kränkliche und gebrechliche Kinder in die Welt setzt, ihr seid es doch, die ihr die Voraussetzungen für Rebellion und Seuchen schafft: eure Leichtfertigkeit, euer Unverstand und eure Unfähigkeit zur Ordnung.»
«Lasst uns Achtung fordern für die hellen Augen, die glatten Schläfen, die Anstrengung und die Zuversicht der Jugend. Aus welchen Gründen sollten trübe Augen, eine faltige Stirn, schütteres graues Haar und gebeugte Resignation verehrungswürdiger sein?»
In den folgenden Jahren wurde Korczak berühmt durch seine «Radioplaudereien eines alten Doktors», einer losen Vortragsreihe im Warschauer Rundfunk, die Tausende von jugendlichen und erwachsenen Zuhörern fand. Nach 1936 erschienen diese Vorträge über Kinder, Familienprobleme, Erziehungs- und Schulfragen unter dem Titel «Fröhliche Pädagogik» als Buch. Sie sind in dem Band «Das Recht des Kindes auf Achtung» enthalten.

Während der Belagerung Warschaus durch die Deutschen erinnerte man sich wieder an den alten Doktor und holte ihn nach 1939 zu weiteren «Plaudereien» vor das Mikrofon. Korczak sprach den Menschen Mut zu und erklärte ihnen, wie sie sich angesichts der Gefahr am besten verhalten sollten.

Er hielt seine Vorträge unter dem Pseudonym «der alte Doktor», denn seinen Namen durfte er, der Jude, um diese Zeit nicht mehr öffentlich nennen. Schließlich musste er sogar mit seinen Kindern ins Warschauer Ghetto übersiedeln, das er nur noch verließ, um Nahrungsmittel oder Kohlen für seine Schützlinge zu organisieren. Korczak hat in seinen «Erinnerungen» diese schrecklichen Zeiten des Hungers und der Verachtung, der Erniedrigung, Sorge und Krankheit beschrieben. Anfangs bemühte er sich noch um Zuversicht: «Sooft ich an die Vergangenheit denke, an verflossene Jahre und Ereignisse, bin ich alt. Ich will aber jung sein, und deswegen schmiede ich Pläne für die Zukunft: Was werde ich nach dem Kriege tun?»

Doch die Lage im Ghetto wird immer aussichtsloser. Eine junge Erzieherin, Esther, wird eines Tages als Erste aus dem Heim abgeholt. Korczak notiert: «‹Wo ist sie in die Falle geraten?›, fragt jemand. Vielleicht ist sie gar nicht hineingeraten, sondern wir, die wir hier bleiben.»

Und schließlich, Ende Juli 1942, schreibt er: «Ich möchte gern bei Bewusstsein und bei voller Besinnung sterben. Was ich den Kindern zum Abschied sagen würde, weiß ich nicht. Ich möchte ihnen so viel sagen und es ihnen so sagen, dass sie ganz frei sind bei der Wahl ihres Weges.»

Dass seinen Kindern zu dieser Zeit schon keine Wahl mehr blieb, dass sie bestimmt waren für den Tod in der Gaskammer des Konzentrationslagers, daran hat Korczak zweifellos nicht einen Augenblick gedacht. Eine so ungeheuerliche Vorstellung lag außerhalb der Einbildungskraft dieses Mannes, der kurz vor seinem Tod noch schrieb: «Ich wünsche niemandem etwas Böses. Ich kann das nicht. Ich weiß nicht, wie man das macht.»

Am 5. August 1942 mussten sich mehr als 200 jüdische Kinder auf dem Warschauer Umschlagplatz zum Abtransport versammeln. Man hatte ihrem Erzieher Janusz Korczak freigestellt, sich zu retten – er war immerhin ein prominenter Mann, und er hatte Freunde, die ihm Papiere besorgen konnten. Doch er lehnte dieses Angebot ab. Zusammen mit seinen Kindern zog er ein ins Vernichtungslager Treblinka, unter einer grünen Fahne, mit der auch Hänschen zuversichtlich seine Kinderschar anführte. Korczak und die Kinder sind zusammen in Treblinka vergast worden.

30 Jahre nach seinem Tod bekommt Janusz Korczak heute den Friedenspreis des deutschen Buchhandels verliehen. Damit wird zum ersten Mal in der Geschichte dieser bedeutendsten literarischen Ehrung der Bundesrepublik der Friedenspreis an einen Toten vergeben. Der Stiftungsrat für den Friedenspreis begründete die posthume Auszeichnung Korczaks mit den Worten: «In einer Zeit, in der die Bemühungen um Frieden immer stärker nicht nur als politisches Problem, sondern auch als menschlich-erzieherischer Auftrag erkannt werden, ehren wir in Janusz Korczak den großen Erzieher, der früh erkannt hat, was wir alle lernen müssen: dass die Pflicht zum Frieden schon beim Kinde anzulegen ist.»

Zu seinen Lebzeiten hat Korczak nicht viel Ehre und Verständnis erfahren. Igor Newerly, sein Sekretär und zwei Jahre Erzieher in seinen Waisenhäusern, fasst im Vorwort zur deutschen Ausgabe von «Wie man ein Kind lieben soll» die Kritik der Zeitgenossen zusammen: «Er war allen fremd, wenn er auch überall als ein achtbarer Ausländer respektiert wurde. Die Polen aus dem nationalen und klerikalen Lager konnten ihm seine jüdische Herkunft nicht verzeihen. Die nicht assimilierten Juden sahen in ihm den polnischen Schriftsteller, den Repräsentanten der polnischen Kultur. Die soziale Linke, insbesondere die aktive revolutionäre Jugend, stieß er durch seinen Skeptizismus ab, aber auch dadurch, dass er die Kinderfrage nicht mit dem Kampf um die Änderung des Gesellschaftsaufbaus verband. Für die Konservativen war er ein Linker, fast schon ein Bolschewik. In der literarischen Welt stand er abseits von Richtungen und Gruppen, wurde mit einem gewissen Bedauern bewundert: ein beachtliches Talent, aber illegitimer Herkunft, nämlich ‹von dieser Pädagogik da› gezeugt. Die Pädagogen verwirrte er mit dem Temperament des Volkstribunen, indem er ihnen die Maske vom Gesicht riss und sie dem Zweifel aussetzte, ob ‹denn dieser ganze Korczak vielleicht nicht doch nur Literatur sei?›»

Auf einen Vorwurf, den man Korczak machte, haben wir vorhin schon hingewiesen: sein freundliches, Wärme und Ruhe spendendes Erziehungssystem habe sich nicht den veränderten Lebensbedingungen im Polen der zwanziger, dreißiger Jahre angepasst. Aber wie hätte denn ein Erziehungssystem aussehen müssen, um an eine Zeit der Revolutionen, zweier Weltkriege und brutaler Judenverfolgungen angepasst zu sein?

Korczak erkannte das Paradoxe zwischen der Realität und dem, was ihm vorgeschwebt hatte, genau. 1936 schrieb er in einem Brief: «Die Organisation der Kinder auf gegenseitige Sympathie und Gerechtigkeit gründen ... Sie frühzeitig von schlechten Einflüssen der Erwachsenenwelt fern

Janusz Korczak bekommt den Friedenspreis | 37

halten. Ihnen ruhige, milde Jahre der Entwicklung und Reife gewähren. Nicht unterdrücken, nicht quälen, nicht belasten, nicht vernachlässigen, nicht benachteiligen. Ich gebe zu, ich tat es nicht für alle, sondern nur für das Waisenhaus. Ungeachtet der schweren Bedingungen ist es immer noch eine Oase, die leider von dem bösen Sand der Wüste, die sich ringsum erstreckt, allmählich zugeschüttet wird.»
Vielleicht war Korczak zu seiner Zeit innerhalb der harten politischen Auseinandersetzungen und auch innerhalb der Pädagogik und der Literatur eine anachronistische Gestalt. Aber er war zweifellos eine überragende moralische Autorität, und er realisierte im Bereich seiner Möglichkeiten die Übereinstimmung seiner moralischen Grundsätze mit seinen eigenen Taten und mit seinem Tod. Allein diese Haltung verpflichtet uns zur nachträglichen Ehrung des Janusz Korczak.

Radiofeature für den SWF, 1972

Die Tagebücher der Anaïs Nin

Am 25. Juli des Jahres 1914 begann Angela Anaïs Juana Antolina Rosa Edelmira Nin et Culmell damit, Tagebuch zu führen. Sie schrieb bis zu ihrem Tod im Jahre 1976 rund 15 000 Seiten. In jenem Sommer war sie ein unglückliches kleines Mädchen von elf Jahren, das mit seiner Mutter und zwei jüngeren Brüdern von Frankreich nach Amerika fuhr – ohne den geliebten Papa. Der war ein spanischer Pianist und Komponist namens Joaquin Nin, und seine vielen Affären mit Frauen trennten ihn schließlich von seiner Familie. Als der Bruch zu tief war, ging die Mutter – eine dänische Diplomatentochter, die auf Kuba aufgewachsen war – mit den Kindern zu kubanischen Verwandten bei New York. Die Tochter Anaïs schrieb Tagebuch, um darin dem Vater nahe zu sein, und als sie spürte, dass die Trennung unwiderruflich war, schrieb sie, um zu überleben: «Träumen ist mir lieber als leben.» Diese Kindertagebücher aus den Jahren 1914 bis 1919 helfen, die Realität zu bewältigen: Gibt es ein Problem, schreibt das Kind Anaïs so lange darüber, bis die trüben Gedanken «aus dem Kopf ausziehen wie gewöhnliche Möbelstücke», und die späteren Versuche der Schriftstellerin Anaïs Nin, intuitiv und spontan zu schreiben, kündigen sich in diesen erstaunlichen Kindertagebüchern schon an. Bis zum Jahre 1966 liegen ihre Tagebücher vor, ausgenommen die aus den Jahren 1920 bis 1931, die in den nächsten Jahren erscheinen werden. Jetzt hat die Nymphenburger Verlagsanstalt jenen letzten Band 1966 bis 1974 herausgebracht, der Anaïs Nins Deutschland- und

Buchmessen-Besuch und den überaus herzlichen Empfang festhält, den man ihr hier bereitete. Glücklich über die Anerkennung, die ihr in Deutschland zuteil wird, sieht Anaïs Nin alles mit verklärten Augen: «Die Deutschen sind so belesen, so ernsthaft und tief ... so schöne Städte, Parks, Flüsse, Bäume, Rasen, Ruhe, Luft ... Keine Reklame, keine Reklametafeln, keine Unordnung, keine ungepflegte Stelle ... Die Höflichkeit und die Liebe zur Natur erinnern an Japan ... Das hohe Niveau des Journalismus ist wohltuend ... Die jungen Deutschen sind hundertprozentig politisch ...» Ach, welches Deutschland hat sie gesehen? Wie ordne ich als Leser ihr Frankreich-, ihr Asien-, ihr Amerika-Bild ein, wenn ich mit ihrem Deutschland-Bild, das ich am besten nachprüfen kann, kaum übereinstimme?

Aber wichtiger in den Tagebüchern sind immer die Porträts der Menschen, denen sie begegnete. Dabei ist Anaïs Nin unglaublich diskret: Blicke durchs Schlüsselloch gibt es nicht – nicht einmal ihr eigener Ehemann taucht auf, er wollte es auch nicht. Keine Affären werden geschildert, aber es wird klar, dass es eine leidenschaftliche Beziehung zum jungen peruanischen Revolutionär Gonzalo gab, Kämpfe mit Henry Miller, der wohl durch Anaïs Nin zum ersten Mal eine andere als die sexuelle Bindung an eine Frau empfand. All das wird diskret angedeutet, irisierend erotisch, aber nie konkret – umso erstaunlicher, da dieselbe zurückhaltene Anaïs Nin zeitweise für einen Dollar pro Seite höchst erotische Geschichten für einen reichen alten Mann schrieb, auf Bestellung. *Das Delta der Venus* wurde nach dem Tode der Anaïs Nin ein Bestseller.

Die Tagebücher vermitteln das Lebensgefühl bestimmter Epochen und Gruppen wie der französischen Surrealisten,

der amerikanischen Avantgarde, der Europäer im amerikanischen Exil. Eine Fülle von Details zu Filmen, Theaterstücken, zur bildenden Kunst machen die Bücher zu einer faszinierenden Fundgrube. Psychogramme von Menschen, die ihr begegneten, entwirft Anaïs Nin nicht ohne Sachverstand: Sie war selbst viele Jahre in psychoanalytischer Behandlung, vor allem, um endlich den Verlust des Vaters zu verwinden, und sie half später sogar ihrem Analytiker Otto Rank bei der Betreuung von Patienten. Gerade wegen dieses Einfühlungsvermögens erfahren wir durch die vielen Tagebuchseiten am meisten über Anaïs Nin selbst, über eine Frau, die sich ihre eigene Welt erschafft als weiblicher Künstler. Es ist eine zierliche Person, nur 1,54 m groß, 51 Kilo schwer, sie nimmt Teebäder, um sonnengebräunt zu wirken, sie verbringt ihre glücklichste Zeit auf einem Hausboot am Seine-Ufer, und wenn sie abends über den schwankenden Bootssteg kommt mit Armen voll Kerzen, Blumen, Tinte und Papier, wenn sie sich in ihre Höhle und ihr Tagebuch zurückzieht, umgeben von einer Rüstung aus Düften und bizarren Kleidern, dann lässt sie gleichsam die reale Welt hinter sich. In dieser realen Welt funktioniert sie zwar, aber glücklich ist sie dort nicht: «In mir sind immer mindestens zwei Frauen, eine, die verzweifelt ist und verwirrt und zu versinken glaubt, und eine andere, die den Menschen nur Schönheit, Anmut und Freude schenken möchte, die ihre wahren Gefühle verbirgt, weil sie nur aus Schwäche bestehen, aus Hilflosigkeit, Hoffnungslosigkeit, was sie vor der Welt mit einem Lächeln verbirgt durch Tüchtigkeit, Anteilnahme, Enthusiasmus, Interesse.»
Beim Tagebuchschreiben verwandeln sich Angst und Intuition in rauschhafte Erfahrungen: «Es ist mein Kif, Haschisch, meine Opiumpfeife. Es ist für mich Droge und

Laster. Statt einen Roman zu schreiben, lehne ich mich mit diesem Buch und einer Feder zurück und träume und schwelge in Spiegelungen und Brechungen.» Sie sieht auch die Gefahr, die darin liegt, denn einmal klagt sie das Tagebuch an: «Du hast meine künstlerische Entwicklung gehemmt!»
Und in der Tat wirken die Figuren ihrer Romane konstruiert und merkwürdig blutarm, künstlich und überfeinert. Was im Tagebuch frei assoziiert dahinfließt, erstarrt bei der Erzählung zur leblosen Pose. Nicht umsonst hatte Anaïs Nin ihre ersten großen Erfolge, als die ersten Bände der Tagebücher veröffentlicht wurden: Da war sie schon über 60 und genoss diesen plötzlichen Ruhm, die Empfänge, Lesungen, Ehrungen unendlich. Das Tagebuch verliert etwa zu der Zeit an Kraft, denn es hat nicht mehr die lebenserhaltende Funktion wie zuvor. Doch Anaïs Nin benutzt es weiter, um sich mit ihrer Umwelt auseinander zu setzen – zum Beispiel mit der Frauenbewegung, an der sie Kritik übt: «Es ist weniger wichtig, männliche Schriftsteller anzugreifen, als weibliche zu entdecken und zu lesen. Ein Mann oder wie ein Mann zu werden ist keine Lösung. Es gibt noch zu viel Nachahmung des Mannes in der Frauenbewegung. Das läuft auf eine bloße Machtverschiebung hinaus. Die Frau sollte die Macht anders definieren: Ihre Definition sollte auf den Beziehungen zu ihren Mitmenschen beruhen.»

Für sie war es die wichtigste Politik, den Menschen zu schaffen, der keine Kriege mehr führt: «Wenn wir den Weg Freuds eingeschlagen hätten (Feindschaft in uns selbst zu untersuchen und zu bekämpfen) anstatt den Weg von Marx, wären wir dem Frieden heute näher, als wir es sind.» Dass Politik unwirksam sei, sagte sie, beweise ja der Zu-

stand der Welt, und beim Abwurf der Atombomben auf Japan schrieb sie, zutiefst erschüttert: «Da wir fühlen, dass wir bei all dem nicht gefragt werden, wenden wir uns ab.»
Anaïs Nin lebte nicht die Dramen der Realität, mit Kanonendonner, Agonie, Tod und Hunger: «Ich lebe das persönliche Drama, das für das größere Drama verantwortlich ist, und ich versuche, eine Lösung zu finden.»
Ich glaube, sie hat diese Lösung für sich gefunden – durch ihre Tagebücher – und damit stellvertretend auch für die Leser, die sich auf ihre Gedankenwelt einlassen. Sie werden eine Frau kennen lernen, die nie im Terminkalender nachsehen musste, wenn sie um ein helfendes Gespräch gebeten wurde, eine Frau, die Unsicherheit und Angst zugibt und die doch selbstbewusst sagen kann: «Ich ziele auf den Mittelpunkt des Seins.»
Und so entsteht über mehr als 60 Jahre in den Tagebüchern eine Frau, die man lieb gewinnt, weil sie sich so mutig aufklappt und aussetzt. Hier konnte sie das, was sie als Schriftstellerin in ihren Romanen und Erzählungen eben nicht fertigbrachte: Leben festhalten. Und ganz gewiss konnte sie Verständnis und Wärme an andere weitergeben und hat das gespürt: «Die Menschen glauben, die Erforschung des Ichs sei egoistisch und egozentrisch; aber ich beobachte, dass alles, was ich für mich selbst kläre, sehr schnell alle um mich herum ergreift ... Meine veränderten Stimmungen wirken auf Ladenbesitzer, Busfahrer, Polizisten, Botenjungen und Putzfrauen ebenso wie auf alle, die mir nahe stehen. Es ist wie eine positive Strömung, die sich um mich herum ausbreitet, und die ist kraftvoller als das Opfer der so genannten Selbstlosen, denn ihr Opfer bringt unvermeidlich eine Art innerer Erschöpfung mit sich, und alle goldenen Schwingungen werden ausgelöscht.»

Die Tagebücher der Anaïs Nin | 43

1953, in New York, trug Anaïs Nin einen weißen Mantel, ein weißes Kleid und einen weißen Hut mit zwei abstrahierten Vögeln im Flug. Ein Maler fragte sie: «Fürchten Sie nicht, daß die Vögel davonfliegen werden?» Und sie antwortete: «Nein, zuerst fliege ich, und sie folgen mir.» – So eine Frau hätte ich gern kennen gelernt – 1974, auf der Buchmesse in Frankfurt, wäre es beinahe möglich gewesen. Zwei Jahre später starb Anaïs Nin an Krebs.

Veröffentlicht in *Brigitte*, Sonderheft Bücher, 1982

«Their work is selling ...»
Über die unsterblichen Schönen

Die Männer sehen aus wie Rosa von Praunheim oder David Bowie, sie sind schlank und alterslos, heißen Richard, Steve, Harry oder Bill und sind im Schnitt 1,83 m groß. Sie haben Taillenweite 76 und Schuhgröße 44. Bruno gibt es mit und ohne Bart, Maurice, Martin und Simon kommen zweifellos direkt vom Film oder wollen gerade hin. Ihre Hände sind bruchfest, die Arme auswechselbar, der Kopf ist abzunehmen, ach, Maurice ...
Die Frauen können sich alle für *Flashdance 2* bewerben, sie sind ebenso schmal und schön wie Jennifer Beals, 1,75 m groß, Taille 57 cm, Schuhgröße 37, Désirée ist aus bestem, schlagzähem Kunststoff, Oberkörper, Arme, Hände und ein Bein sind abnehmbar. Olga, Dagmar und Bertha präsentieren die Damengrößen 42-44-46 mit gespreizten Fingern und zagem Tanzstundenlächeln, und Louise, ach, Louise ist eine romantische Schöne aus vergangenen Tagen, als wir Frauen noch weich und anschmiegsam waren. Die Kinder heißen Pippa, Jil, Katy, Mona, David oder Flemming, haben je ein abnehmbares Bein und drehbare Gummihände. Ihr Blick ist schmelzend, sie sind abwaschbar, und wenn sie einmal groß sind, werden sie auch so schön sein wie Maurice und Louise.
Sie werden aber nicht groß.
Und Maurice und Louise werden nicht alt. Sie werden nie die Spuren der Vergänglichkeit zeigen, die wir mit uns herumtragen – Falten, Narben, Wülste in der Taille. Die Haare von Maurice werden nicht schütter, Louise bekommt an

den Oberschenkeln niemals Cellulitis, und Pippas Jugendschmelz ist zeitlos. Die schönen Unsterblichen sind im Gegensatz zum Menschen, den sie nachahmen, bruchfest und von ewiger Anmut. Haben Sie je in einem Schaufenster zwischen einer Gruppe halb nackter Puppen den Dekorateur agieren sehen? Er hat Nadeln zwischen den Zähnen, trägt Wollsocken und schwitzt bei seiner Arbeit. Er wirkt plump und kurzbeinig, denn kein Künstler hat ihn mit perfekten Proportionen entworfen, mit überlangen Gliedmaßen und seidigen Wimpern. Der echte Mensch hat keine Chance gegen die Schönheit der Puppe. Er hat Poren und Pickel, die Puppe hat eine Pfirsichhaut. Er bewegt sich holperig, die Puppe macht Gesten von atemberaubender Akrobatik. Nie würden wir dem Dekorateur die Jeans abkaufen – den Puppen schon, und das sollen wir ja auch: *Their work is selling.*
Stammt der Mensch wirklich vom Affen ab? Mit letzter Genauigkeit wird es sich nicht klären lassen. Die Schaufensterpuppe stammt vom Kleiderständer ab, das hingegen weiß man. Am Anfang war das Holzgerüst, dann das Weidengeflecht ohne Kopf, und daran probierten Schneiderinnen ihre Modelle an und führten Reisende an den Fürstenhöfen die neuesten Moden aus fernen Ländern vor. Um 1830 gab es formlose Lederpuppen, ein paar Jahre später schon aus Eisendraht geflochtene Körper, und als dann das Bürgertum immer wohlhabender und immer putzsüchtiger wurde, entwickelte sich nach und nach das fast perfekte Mannequin – so nennt man die geschlechtslosen Schönen: Sie sind nicht «der» Mann, «die» Frau, nicht einmal «die» Puppe, sie sind «das» Mannequin, und wie beim lebenden Mannequin soll in den Vordergrund treten, was verkauft wird – nicht Figur oder Person des

Trägers. Alles ist hier auf Täuschung angelegt: Sehe ich auch so aus, wenn ich diesen Mantel kaufe? Gleiche auch ich dann dieser Göttin? Ich muss die Frage nicht beantworten.

Als die ersten verkaufsfördernden Mannequins in den Schaufenstern der Modegeschäfte auftauchten, wurde nur Wert auf ihren Kopf gelegt. Untendrunter waren Drehgestänge, etwa wie beim Klavierstuhl, und erst nach und nach bekam auch der Körper Aussagekraft. Die Schaufenster wurden größer, ganze Familien spazierten nun, zu Gruppen arrangiert, durch die Auslagen. Die Beleuchtung wurde perfekter – die zarten Wachsgesichter schmolzen ab 35°, bis die Chemiker aus einer Mischung von Gips und Gelatine die Vorläufer des Plastik erfanden –, und 1927 entwickelte der Puppenkünstler Jean Saint-Martin die seidige Pfirsichhaut für die Traumgeschöpfe hinter Glas. Jetzt waren die Gesichter perfekt, umgeben von echtem Haar, doch der zarte Hals saß noch auf einem Körper aus Pappe, Gips, Wachs, Holz oder Drahtgestänge. Aber die Röcke wurden kürzer, die Puppen hatten Bein zu zeigen, Busen war angesagt, und nach und nach entstand zum engelgleichen Kopf auch der engelgleiche Körper, und in den dreißiger Jahren konnte sich eine große Firma den Scherz erlauben, zwischen die künstlichen Mannequins einen echten Menschen ins Schaufenster zu stellen – er fiel nicht auf, nur wenn er sich ab und zu plötzlich ein bisschen bewegte, kreischten die Betrachter auf und erschraken – Mensch oder Puppe? Leblos oder lebendig? Roboter, Statue, Denkmal, Automat – letztlich aber doch nur: seelenloser Kleiderständer.

Der Wunsch, Puppen Leben einzuhauchen, ist alt – die Puppe Olympia in *Hoffmanns Erzählungen* lebt nur, wenn man in ihrem Rücken den Schlüssel aufzieht, in Fellinis

Casanova kann keine lebendige Frau dem Unglücklichen das sein, was ihm die perfekte Puppe ist, Truffaut zeigte in *L'homme qui aimait les femmes* 1977 einen Mann, der Schaufensterpuppen in Unterwäsche verfallen ist, und einer der berühmtesten und besten Entwerfer von Schaufensterpuppen, der Zeichner Lester Gaba, der für *Vogue* arbeitete, verliebte sich in das schönste seiner Geschöpfe – Cynthia. Das war 1936, und Gaba machte keine Reise mehr, trat nirgends mehr öffentlich auf, erschien auf keinem New Yorker Empfang mehr ohne Cynthia. (Eine Nachfahrin von Cynthia steht in meinem Hausflur – sie ist viel, viel schöner als ich, aber noch haben wir dieselbe Konfektionsgröße, und sie trägt meine Kleider. Sie heißt Celia und erinnert mich schmerzlich daran, dass ich älter werde und sie nicht.)

In den dreißiger Jahren fing man auch damit an, den Schaufensterpuppen die Gesichtszüge berühmter Personen zu geben – da führten dann Fernandel und Greta Garbo, der Herzog von Windsor, Vivien Leigh und sogar Antoine de Saint-Exupéry verwegene Modelle vor, und nach dem Zweiten Weltkrieg waren die Frauen in den Schaufenstern die Ersten, die wieder richtig lächelten und richtig chic aussahen. In den fünfziger Jahren sahen alle Puppen aus wie Brigitte Bardot – blondes Haar und offener Schmollmund – nein, nicht alle. Gerade um diese Zeit gab es auch zum ersten Mal das Abbild des Unvollkommenen in den Vitrinen: Runde Muttis führten gutmütig Größe 56 vor, glatzköpfige Vatis lasen Zeitung unterm Sonnenschirm und zeigten ihre neuen Filzpantoffeln, krummbeinige Kinder gingen mit Plastiktornistern zur Schule. Lange hielt sich das nicht – die Sechziger zeigten Unvollkommenheit auf andere Art: überall die magere, langbeinige Twiggy, die barfüßige Sandy

Shaw als Verkaufshilfen, Frauen mit kleinen Schönheitsfehlern, und doch: Traumgestalten. Die siebziger Jahre brachten Zombies aus anderen Welten – die Gesichter verschwanden wieder, Weltraumlook war angesagt, Chromköpfe auf überlangen Hälsen, gesichtslose UFO-Bewohner, gegen die E.T. eine herzerweichende Identifikationsfigur ist.

Und wie ist es heute? Heute sind die Schaufensterfrauen unerreicht edel, fast lebendig, fast echt – die Firma Adel Rootstein stattet in den Katalogen ihre Figuren mit Charakteristiken aus: «Energisch ... und verträumt; gebildet ... aber schüchtern; arrogant ... und doch unsicher.» Adel Rootstein bietet für verschiedene Arten von Mode verschiedene Puppentypen an – etwa die Serie «Memfizz» für alles Avantgardistische – Puppen mit dramatischem Make-up und kühner Punk-Perücke führen bauchlos nur das Schärfste, nur das Allerschrillste vom Modemarkt vor, während in der Serie «Lazy Lizzy» verruchte Luxusweiber, die nicht umsonst Victoria (Principal?) und Joan (Collins?) heißen, für den Absatz von Seide, Samt, Pelz und Brokat zu sorgen haben. Die Firma Hindsgaul bietet in der Afrika- oder der Young-Latin-Serie exotische Schönheiten mit brauner Haut und krausem Haar, es gibt aber auch den Uschi-Glas-Look fürs Solide und in der Serie 71 die dynamische Journalistin, emanzipiert, kühl, sicher, auch als Kumpel im Folklorelook auf den Indientrip mitzunehmen. Die Serie «Young Team» stellt Twens aus der besseren Gesellschaft vor, die sich in Fiorucci-Klamotten lümmeln können, die süßen «Mini-Kids» werden mal «Young Teamers», und die beiden Herren von Super 2 sind Männer, die alles können: Im Frack sehen sie genauso blendend aus wie im Trenchcoat mit Borsalino oder in Golfkluft. Mit der

«Savoy»-Gruppe kann man auch Direktoren aus der Chefetage nebst Gattin erstellen, weltgewandte Interconti-Bewohner mit interessant gestresstem Blick, und «La Femme» fächert die ganze Palette betörend weiblicher Raffinesse auf. Bei der Firma Mitnacht in Mülheim gibt es Discogirls und Partyhexen, Punks, «Soccer Player» in verwegenen Sportaktionen und die hingehauchte «Emmanuelle». «Unisex» ist nur ein Holzkopf mit Gestänge, «Wooden style» ein hampelmannartiges Flachgebilde, und bei «Hitman» und «Showman», zwei Männern mit Umhängebärten, laufe ich schreiend davon. Mitnacht bietet auch noch anderes Schaufensterzubehör: zur Puppe im Pelz Pinguin und Eisscholle, zum Bikini Schilf und Säule, dorisch.

Puppen kann man kaufen oder leihen, auf alle Fälle müssen sie – wenn nicht ersetzt, so nach ein, zwei Jahren umgeschminkt und anders frisiert werden, um die Schaufensterflaneure nicht zu langweilen. Auch als Puppe hat man «in» zu sein. Natürlich kommen die preiswertesten Puppen schon wieder aus Japan, das Geschäft ist auf diesem Sektor so hart wie auf jedem anderen auch. Kleine Läden teilen sich lieber Puppen – für etwa 1,50 DM pro Tag oder rund 30 DM im Monat – Damen sind teurer als Herren! Der Kaufpreis für Schaufensterpuppen liegt bei 1000 DM aufwärts, 2500 DM muss man für Traumgeschöpfe hinblättern, und die müssen dann aber auch durch Anmut und unbeirrbare Grazie das, was sie gekostet haben, wieder hereinlächeln.

Da sitzen sie in den Fenstern, sitzen und stehen, liegen, schleifen 20 000-DM-Pelze über den Boden hinter sich her, verlieren wie zufällig den einen Träger der schwarz-seidenen Unterwäsche, gehen mit teuren italienischen Modellen schlampig um und suggerieren, dass das alles gar nichts Besonderes sei. Sie sind die einzigen Geschöpfe, die sofort die Preise verraten für alles, was sie tragen. Sie sind die Königinnen der Nacht, am schönsten abends in raffinierter Beleuchtung, und hinter ihnen bleibt der Mann als Prinzgemahl immer ein paar Schritte zurück. Die Schaufenster gehören den Göttinnen mit der Pfirsichhaut, die sirenengleich locken und zum Kauf reizen, wie es ihre Aufgabe ist – *their work is selling*, sagt Adel Rootstein und bietet sogar ein Hündchen namens Jake an – was soll es verkaufen? Leinen, Körbchen, Trachtenloden für den adeligen Dackel? Nein, Jake soll die herzigen Kinder noch herziger wirken lassen, und wenn Mama den Pepita-Anzug für Kläuschen kauft, kauft sie das Hündchen dazu.

Die Mannequins im Schaufenster – seelenlos, verführerisch, erstarrte Erotik, irritierend attraktiv, perfekt, und hinter Seidenwimpern keine Welt ...

Der Surrealist Salvador Dalí hat sie einmal als das dargestellt, was sie im Grunde sind: als Verkaufshilfen. Er baute herausziehbare Schubladen in ihre makellosen Körper, für Ware. *Their work is selling*.

Veröffentlicht in *Bauwelt*, September 1983

Untergang – du meine Lust
Über die Neue Deutsche Welle

Wenn sogar Udo Jürgens irgendwo singt, dass es jetzt fünf vor zwölf ist, dann ist es wahrscheinlich bereits halb drei. Und wenn sogar die Schlagerfuzzis und Schmalzonkels der deutschen Unterhaltungsmusik schon vage merken, dass irgendetwas nicht stimmt in dieser unserer Welt und dass zu den traditionellen Singsangthemen wie «Herz-Schmerz-Sonnenschein – nur du allein» plötzlich ganz andere Inhalte kommen, dann hat sich im Schlagerwesen ja wirklich etwas geändert.

Hat es auch. Das haben wir der Neuen Deutschen Welle zu verdanken, die bereits eine alte Welle ist und nicht mal mehr eine Welle – es plätschert gerade noch so dahin. Angefangen hat es vor rund vier Jahren – plötzlich hießen die Gruppen nicht mehr Dschingis Khan, Cindy und Bert oder Vadder Abraham und seine Schlümpfe, sondern Einstürzende Neubauten, Geisterfahrer, Nachdenkliche Wehrpflichtige, Dünnbrettbohrer, Rückwärtsgang und Fleischeslust. Plötzlich kamen so witzige Gruppennamen auf wie Bärchen und die Milchbubis, Ätztussis, Stille Hoffnung, so scheußliche wie Schamlippen, Notdurft, Päderastenhaufen und Verdauungsstörung und so haarsträubende wie Heeresleitung, Deutschdenk, Adam und Eva.

Die Medien sprangen zunächst voll an. Endlich was Neues, und mit sicherem Griff suchten sich die Musikredakteure in den Funkhäusern das Gängigste und Seichteste heraus: Hubert Kahs «Sternenhimmel», Trios «Dadada», Frl. Menkes «Hohe Berge». Die Humpe-Schwestern machten Ideal und die Neonbabies berühmt, man hörte ab und zu Gruppen wie Fehlfarben, Spliff oder Zeitgeist, aber das war's dann auch schon.

Die Moderatoren oder so genannten Wortredakteure hätten vielleicht das eine oder andere gern gespielt, weil sie sehr wohl spürten, dass das eigentlich Neue der Neuen Deutschen Welle in den Texten lag, aber da machte sich die in den meisten Funkhäusern vorgenommene fatale Trennung von Musik und Wort bemerkbar: auf der einen Seite die Musikredakteure, die die Musiker der Neuen Deutschen Welle dilettantisch finden, auf der anderen die Moderatoren, die ganz gern mal was anderes spielen würden. Jetzt ist es, wie gesagt, schon fast wieder vorbei, das Pflänzchen ist verkümmert, die Platten liegen in den Archiven, keiner kennt sie. An den Liedern der Punk- und New-Wave-Musiker hätte man ablesen können, was diese Null-Bock-auf-nix-Jugend wirklich fühlt und denkt. Aber dazu hätte man hinhören müssen, und das ist ja immer mühsam – was nicht gefällig oder was gar avantgardistisch daherkommt, hat keine Chance in unseren verkrusteten Medien.

Da läuft von Schleswig-Holstein bis Bayern Nena, da düst der Wirbelwind, der die Liebe mitbringt, durch die Sender, da darf der Schmalzheini Markus seinen Schrott ablassen, aber ehe eine schmeichelhafte Satire wie «Besuchen Sie Europa, solange es noch steht» in die ZDF-Hitparade darf, gibt es einen Eiertanz.

Und – das ist das Erstaunliche an der Neuen Deutschen Welle – es gibt kaum eine Gruppe, die nicht mindestens ein politisches Lied im Repertoire hätte. Diese Jugend, die angeblich null Tarif auf Politik hat, schlägt hoch politische Töne an – ob es um Arbeitslosigkeit oder Frust in den Städten geht, um Ajatollahs, Ölmultis, Rüstungswahnsinn oder

Untergang – du meine Lust | 53

Knastalltag, und der Grundtenor ist bei den Lauten und den Leisen, den Witzigen, den Frechen und den Pampigen der Gleiche: Angst.
Sie kommt verpackt daher, aber sie ist immer da: «Gib mir ein Ticket für die Unterwelt – wenn die Planeten krachen, dann möcht ich weiterlachen» (Zeitgeist), «Die nächste Sintflut, das steht schon fest, entseucht uns bis zum Mount Everest» (Bleibtreu Revue). Oft hängt ein Zusatz dran: Aber mir ist sowieso alles egal, sollen «sie» doch machen, was sie wollen. Dass «sie» aber wirklich machen, was sie wollen, erschreckt die jungen Musiker, und ja nicht nur sie. Zwar behauptet Intimspray keck: «Keine Angst vor der Zukunft, wenn es keine gibt!», und Bärchen und Milchbubis singen rotzig: «Jung kaputt spart Altersheim», aber bei Chuzpe hört es sich schon wieder ganz echt an: «Ich glaub, wir passen nicht in diese Welt, auch wenn uns der Gedanke nicht gefällt ...»
Oft ist diese Angst ganz allgemein auf den Zustand der Welt, auf eine unsichere Zukunft in jeder Hinsicht bezogen – aber oft verbindet sie sich ganz konkret mit Deutschland. Singt die Bleibtreu Revue noch: «Auf Mutter Erde war's nicht mehr schön / ich such ein andres Sonnensystem», dann heißt es bei der Sensiblen Jugend schon deutlich: «Schwarz-rot-gold, Land ohne Mut / Deutschland, mach das Licht aus.»
Die Peter-Braukmann-Band teilt mit: «Aber weglaufen nützt gar nix, weil im nächsten Krieg / auch unser bißchen Leben hier im Fadenkreuz liegt.» Braukmann formuliert seine Angst auch auf eine ganz bestimmte Situation hin, nämlich eine Polizeikontrolle: «Keine Bombe im Handschuhfach / kein Alkohol im Bauch / und trotzdem hab ich Bammel / kennste das auch?» Keine deutsche Rundfunkanstalt hat solche Songs im Programm. Und auch die Getto-Band – «Ich denke oft, ich bin im falschen Land geborn

/ seit tausend Jahrn gelehrt, wie man die Macht vermehrt / in mir gärn Scham und Zorn» – wird man von *NDR* bis *BR*, von *HR* bis *SDR* vergeblich suchen.

Und es passt natürlich auch nicht in den Wendekram, wenn eine Gruppe wie Armutszeugnis losballert: «Untergang – du meine Lust, Abendland, oh welch Verlust!» Dabei ist es ein Stück Zeitgeist, das aus diesen Texten spricht, und ich denke, die Rundfunkanstalten hätten hier auch eine Verantwortung – wie sie sie nach dem Krieg für eine neue deutsche Literatur wahrgenommen haben.

Warum ist das heute nicht mehr möglich? Warum werden wichtige Strömungen eingeglättet, warum kommt auch von kritischen Liedermachern immer nur das Bravste, nie das Rebellische? Die Macher der Neuen Deutschen Welle brettern los mit ihrem neuen frechen Selbstbewusstsein, aber das passt eben nicht zum alten bangen Radio, das von Rundfunkräten gegängelt, von Parteibürokraten regiert und von ängstlichen Redakteuren brav verwaltet wird. Bloß nicht anecken.

Dazu gehört, dass ein ganzer Textbereich sowieso ausgespart wird: die Kritik am neu aufkeimenden Faschismus und an dem starken Rechtsruck, den dieses Land seit Eduard Zimmermann nimmt. Aber so, wie die Skinheads unbehelligt mit Hakenkreuzen auf den Lederjacken durch die Fußgängerzonen laufen, so konnten die Leder-Machos von Deutsch Amerikanische Freundschaft ihren Faschistendreck in den Radios singen («Tanz den Mussolini, tanz den Adolf Hitler»), aber ein Text wie der von der A & P, einer Schülerband, die es nur zu einer Platte gebracht hat, kam nie zu Gehör: «In Dachau ist nichts mehr los / in Buchenwald ist nichts mehr los / in Belsen ist nichts mehr los / in Auschwitz ist nichts mehr los / die Öfen stehen still / bis

Untergang – du meine Lust | 55

einer wieder Menschen braten will. / Darum wählen sie die NPD / die macht alles wieder okay / die wollen ein großdeutsches Reich / denn keiner kommt den Deutschen gleich / die treiben Wehrsport in Ruh / und die Regierung drückt die Augen zu / die haben nichts gelernt, diese Idioten / nicht mal von Millionen Toten.»
Ich hätte gerne mal den Rundfunk bei einem Lied wie diesem erwischt: «Anonyme Spieler spielen um Millionen / anonyme Dealer deal'n um heiße Zonen / Fädenzieher, Puppenspieler, anonyme Truppendealer / dreimal werden wir noch wach, dann brennt es unterm Zirkusdach.» (Zeitgeist)
Intelligente Ironie setzt sich nicht durch. «Der Süden ist heiß und von Seuchen zersetzt / der Norden ist feucht, von den Russen besetzt / der Westen ist einsam, nur von Batman bewohnt / der Westen ist einsam, der Osten ist tot» singt die Gruppe Abwärts und empfiehlt: «Zum Überleben empfehl ich alsdann / seid nett zueinander und zieht euch warm an.»
Stefan Stoppok, der Ian Durys trostloses «Sex and Drugs and Rock 'n' Roll» umfunktioniert hat zu «Saure Drops und Schokoroll», besingt die Politiker auf den Wahlplakaten: «Besonders die Fraun, heißt es, haben Vertraun zu dem Mann mit dem sympathischen Doppelkinn.» Er hat kein Vertrauen zu diesen Politikern, die schon so vieles wieder vergessen haben, was ihnen eigentlich noch aus dem Tausendjährigen in den Knochen stecken sollte.
Sie predigen ja keinen Terror, die neuen deutschen Sänger. Sie machen sich lustig – und da werden die Leute in den Funkhäusern immer skeptisch. Deshalb wird die Gruppe Schön sich dort nicht schön lustig machen dürfen: «Geht die Welt nun bald zu Ende? / Oder kommt da noch 'ne

Wende?» Und Bel Ami wird auch in Zukunft nicht schimpfen dürfen: «Der Papst will keine Pille / ist das denn Gottes Wille?» Die Mittlere Katastrophen Kapelle wird auch in Zukunft nicht vom «tiefen Glück im Schutzraum» singen dürfen, und für Tim Buktu's Barballongs mit «Das Leben ist ein Trauerspiel, wer jetzt schon stirbt, verpasst nicht viel» sehe ich auch keine Chance.

Der alte deutsche Rundfunk hat die Neue Deutsche Welle bis auf wenige Modeausnahmen verschlafen. Unter dicken Ausgewogenheitskissen ruht das Lied von Monopol: «Atome leuchten mir in dunkler Nacht / irgendwie ist das Anarchie / alle sind dabei, mich zu verarschen / hab die Schnauze voll bis obenhin.»

Mich macht das traurig. Der Rundfunk, der Mittler sein könnte zwischen oben und unten, macht sich zunehmend zum Sprachrohr für oben. Dabei merkt ja kaum einer, was alles unter den Tisch fällt. Dieser Jugend soll nur später niemand nachsagen, sie hätte sich für nichts interessiert. Die Gruppe Haß nennt ihre LP «... allein genügt nicht mehr» und verbirgt ihre tiefe Verzweiflung hinter dem Hass: «Ich hab Haß auf die ganze Tyrannei / Haß auf das, was ihr erzählt / Haß auf alles, was mich quält / Ich hab Haß auf Schießerei / Haß auf die ganze Schweinerei / Ich will nicht kämpfen, ich will nicht sterben / ich will nicht euern Scheißstaat erben.»

Auch wenn Bärchen und die Milchbubies versichern: «Ich will nix älter werden» – sie werden ja doch älter, und dann werden sie den «Scheißstaat» erben, in dem ihnen niemand zuhören wollte, als sie noch jung waren. Was machen sie mit diesem ungeliebten Erbe? Man darf gespannt sein.

«Gefühl und Härte» heißt die LP von Scala 3 – ist das die neue Stimmung? Wie schade, dass den Musikmachern im

Funk alles Aufmüpfige gleich ein Dorn im Ohr ist, wer hat eigentlich damit angefangen und warum, in welcher kriecherischen Angst vor wem?
Die Gruppe Grauzone weiß es: «Marmelade und Himbeereis, wir sind alle prostituiert.»

Veröffentlicht in *Die Zeit*, Nr. 46, 11. November 1983

Klassefrauen
Eine Polemik

Die ideale Frau ist nicht älter als 35 Jahre, sie ist nicht größer als 1,75 m, aber auch nicht kleiner als 1,60 m. Ihre Haut ist straff, ihre Zähne sind in Ordnung. Ihr Haar ist immer frisch koloriert und geföhnt, unter den Achseln sind die Haare wegrasiert und an den Beinen auch. Die ideale Frau ist modisch, schlank, hat eine Berufsausbildung, übt den Beruf aber nicht mehr aus, weil sie einen gut verdienenden Mann hat und zwei Kinder (ein Junge, ein Mädchen). Die Kinder essen am liebsten Fischstäbchen und Kinderschokolade, und der kritische Moment ist eigentlich der, wenn der Pullover etwas zu kratzig ist – dann besteht die Gefahr, dass Mutti nicht genug geliebt wird, aber eine 5-Liter-Flasche Weichspüler schafft hier Abhilfe.
Sie lernt das in eigens dafür hergestellten Zeitschriften und im Fernsehen. Sie kann nähen und kochen, gärtnern, im Garten für fünfzig Personen grillen, sie kann Holzbroschen bemalen und Seidenpullis stricken, und für ihren Mann hat sie aus dem Journal der Frau den Bastelbogen rausgetrennt «Ein Segelboot für den Sohn – vom Vater schnell gebaut». Als sie übrigens damals ihren Mann kennen lernte, da gingen sie zusammen unter einem Schirm, und sie dachte genau das, was sie in der Deowerbung gelesen hatte, nämlich: «Lieber Gott, sag ihm, dass er mich küssen soll!» Und er dachte: «Wenn sie nicht gleich aufhört, so unverschämt gut zu duften, dann küss ich sie einfach.» Und sie wartete, und er tat es, und sie wurden ein Paar. Sie gab ihren Beruf dann rasch auf, denn sie hatte ja diese Illustriertenserie gelesen:

Herzinfarkt, Magengeschwüre, kaputter Darm, Scheidenentzündung und stressiger Ausfluss – das war der Preis, den die moderne Frau für ihr verändertes Rollenbewusstsein zu zahlen hatte, darüber waren sich die Experten einig. «So könnte der Trend zur Berufstätigkeit bei Frauen ein Grund dafür sein, weshalb Frauen jetzt doppelt so häufig an einem Geschwür erkranken», hatte in *Prima* gestanden, der neuen Zeitschrift «für die vielseitige Frau», und wenn man etwas vermeiden kann, wovon man krank wird, na, dann tut man das doch wohl. Also: Lieber keinen Beruf, sondern einen Mann, der einen Beruf hat, Männer sterben ja sowieso früher, da kommt es nicht so drauf an.
Als *Carmen* im Kino lief, trug die ideale Frau das Haar dunkel, hochgesteckt mit Blume, sie trug weite Röcke und enge Korsagen und belegte den Flamencokurs. Dann kam *Out of Africa* in die Kinos, und die ideale Frau entdeckte den zerknitterten Safarilook in echtem Leinen und hellte das Haar leicht auf, wie es in Schwarzafrika eben schön wirkt.

«Wenn es Mode wird, die Brust zu färben
oder, falls man die nicht hat, den Bauch ...
Wenn es Mode wird, als Kind zu sterben
oder sich die Hände gelb zu gerben,
bis sie Handschuh'n ähneln, tun sie's auch.»

Ich soll hier etwas schreiben gegen das Bild der Frau in den Medien, und es gerät mir zur Polemik. Das Bild der Frau, wie es sich zum Beispiel in *Bild der Frau* darbietet, ist nervenzersägend: Nichts ist passiert in den letzten 15 Jahren, absolut nichts. Natürlich sind Frauenzeitschriften angereichert durch politische, kritische, aufmüpfige Artikel oder Interviews. Aber an erster Stelle stehen nach wie vor Mode,

Kosmetik, Liebe, Klatsch und Tratsch. *Bild der Frau*, Produkt der Springerpresse, kam 1983 nach der politischen Wende auf den Markt und weiß genau, dass die Frau zu Hause viel glücklicher ist als im Beruf, denn da kann sie sich mehr pflegen, fraulicher sein. Gell. Marita Blüm, Gattin unseres sonnigen Arbeitsministers, die seinetwegen ihr Studium abbrach, sagte herzig: «Dieser Mann hatte Hunger, der hatte viel größeren Hunger als ich, nach außen zu wirken.»

Ja, so sieht die Welt zurzeit ja auch aus, nach dem Machthunger dieser Kerle, die so dringend nach draußen wirken müssen, während wir uns innen die Nägel oval feilen an Händen, die nichts mehr anpacken können. Natürlich, die MEDIEN. Natürlich helfen Werbefernsehen und *Bild der Frau* und eine Vielzahl anderer Frauenschmonzetten mit, ein antiquiertes Frauenbild zu zementieren, aber verdammt nochmal – solange Wencke Myhre sich einerseits für ihre Karriere abrackert und andererseits *Bild der Frau* ihre gemütliche Wohnküche vorführt und erzählt: «Mein Mann hat sein Büro in einem Schuppen im Garten, dort fühlt er sich wohl, und auch die Kinder akzeptieren, dass er dort möglichst nicht gestört werden möchte», solange müssen wir uns nicht wundern.
Wann setzt sie denn endlich ein, die große Verweigerung, dem Bild nicht mehr zu entsprechen, das diese Medien von uns entwerfen? Wann sehen denn die Fernsehansagerinnen endlich nicht mehr genauso lackiert aus wie die Tante vorher in der Spülreklame? Und wann gibt es denn endlich Intendantinnen, mehr Showmasterinnen, Moderatorinnen? Sage mir keine(r), man lässt sie nicht – ich bin lange genug in diesem Beruf, um zu wissen, wie händeringend jede Re-

daktion Frauen sucht. Wo sind sie? Sie machen zu Hause kuschelweiche Wäsche. Sie haben keine Lust auf das Leben in Zug und Hotel, aber das mag jetzt schon wieder ein anderes Thema sein – und doch hängt es zusammen. «Die Männer lassen uns nicht hochkommen», klagen die Frauen. Und wenn dann ein Redakteur sagt: «Kämmen Sie sich mal» oder «Ziehen Sie mal was Nettes an in der Sendung», was tun sie? Sie kämmen sich und ziehen sich was Nettes an, statt zu sagen: «Sehn Sie doch lieber mal in den Spiegel, Mann.» Nichtanpassen war schon immer schwerer als Anpassen, auch das weiß ich aus Erfahrung, und es waren in 16 Berufsjahren noch nie die Männer, die mir wegen meiner schrägen Klamotten und meiner struppigen Haare geschrieben haben, sondern immer die Frauen, die finden, ich müsse mal mehr aus mir machen. Ich habe keine Lust mehr zu schwesterlicher Solidarität, Sachlichkeit und zu dem ewigen beleidigten Jammerton über das Bild der Frau. Dieses Bild gestalten wir mit. Würde Mutti nicht glauben, dass sie weniger geliebt wird, wenn die Handtücher kratzig sind, würde sie ja den Scheißweichspüler nicht kaufen, sondern an die Umwelt denken, die von ihrem Wasch- und Putzwahn kaputtgeht. Aber die Weichspülberge in den Supermärkten belehren mich eines andern.

«Denn sie fliegen wie mit Engelsflügeln
immer auf den ersten besten Mist.
Selbst das Schienbein würden sie sich bügeln!
Und sie sind auf keine Art zu zügeln,
wenn sie hören, daß was Mode ist.»

Muss ich etwa betonen, dass ich nicht ALLE Frauen meine? Aber für die, denen das Medienfrauenbild, denen die ideale Frau wurscht ist, schreibe ich nicht diesen Artikel.

Die wissen es eh. Ich schreibe ihn unter anderem für die durchgestylten Kunstgebilde in den In-Kneipen, die sich immer noch von den Männern behandeln lassen, wie's grade kommt. Nur keine Gegenwehr, das senkt den Marktwert. Die so genannten Klassefrauen entsprechen genau dem Klischee der frisch geduschten Frau in Seidenwäsche mit Spaghettiträgern, die haben den richtigen Lidschatten und den neuen Nagellack und die Gesten, die ich aus dem Werbefernsehen kenne, wenn man sich Campari bestellt. Und dann wollen wir so tun, als regen wir uns über ein BILD DER FRAU auf?

«Wenn es Mode wird, sich schwarz zu schmieren ...
Wenn verrückte Gänse in Paris
sich die Haut wie Chinakrepp plissieren ...
Wenn es Mode wird, auf allen vieren
durch die Stadt zu kriechen, machen sie's.»

Das Angebot von *Maxi, Freundin, Verena, Echo der Frau, Journal für die Frau, Frau mit Herz* und wie all die anderen noch heißen mögen ist einfach lächerlich. Haushalt, Kochen, Basteln, dazu die wahre Geschichte, Kreuzworträtsel, Horoskop – und der Hinweis, dass auch Königinnen unglücklich sein können und dass Liz Taylor ihr schweres Schicksal auch gemeistert hat, also, liebe Frau, Augen zu und durch. Warum lesen das Millionen?
Ganz einfach: Weil sie es lesen wollen. Und wäre das Bild der Frau darin anders, würden sie es eben nicht mehr lesen wollen. Wer den perfekten gedeckten Bananenkuchen backen kann, hat damit einen Ausgleich für zu kurze Beine gefunden, wer es schafft, auch aus der 30-Grad-Wäsche die Flecken noch schonend rauszukriegen, kann sich über dünnes Haar hinwegtrösten, und so bleibt für jede etwas übrig.

Klassefrauen | 63

Seit Jahren reden wir dagegen, weisen auf den Surrogatcharakter solcher Zeitschriften hin. Es ist umsonst, ich nehme es gelassen. Ich kann nur die verlogene Aufgeregtheit über gewisse Werbungen nicht mehr ertragen, denn genau den hoch geschlitzten Tanga-Badeanzug, über den sich viele ereiferten, sah ich im Sommer an jeder zweiten Frau.

«Wenn es gälte, Volapük zu lernen
und die Nasenlöcher zuzunähn
und die Schädeldecke zu entfernen
und das Bein zu heben an Laternen –
morgen könnten wir's bei ihnen sehn.»

Gott schuf den Menschen nach seinem Ebenbild, und das war Adam, und nun schafft Adam sich Eva so, wie er sie gern hätte, und Eva macht mit. Nicht immer: Da hat doch tatsächlich eine amerikanische Journalistin 330 000 Dollar bei ihrer Fernsehgesellschaft eingeklagt, weil man sie auch bei anerkannt glänzenden journalistischen Leistungen mit 37 Jahren zu alt und nicht mehr attraktiv genug für den Bildschirm fand. Sie hat sich nicht nett gekämmt und weinend die Falten weggeschminkt, sie hat geklagt und gewonnen und ihr Gesicht nicht verloren. Man muss Redakteure, die bestimmen wollen, wie eine Frau auszusehen hat, nicht bedienen. Man kann Politiker, die ein Frauenbild entwerfen, das in die Steinzeit reicht, abwählen. Man muss Zeitungen, die ein perfides Frauenbild kreieren, nicht kaufen. Man könnte damit anfangen, man selbst zu sein. Frau selbst. Nicht: Bild der Frau.

Veröffentlicht in *Psychologie heute – Frauen Special*, 1986
Die zitierten Strophen stammen aus:
Erich Kästner, *Ein Mann gibt Auskunft*, 1930

«Nichts ist ihm lieber als eine Panne»
Über Harald Schmidt

Warm up nennt man die 15 bis 20 Minuten, die ein Moderator vor der Sendung dazu nutzt, sein Publikum in eine begeisterte Klatsch- und Mitmachstimmung zu bringen. Harald Schmidt ist der amtierende Weltmeister des *warm up*. Eben noch schlurfte er über den Flur, ein eher gelassener T-Shirt-Typ mit leichter Neigung zu unreiner Haut und mit grauen Schatten von starkem Bartwuchs. Jetzt geht das Studiolicht an, und herein kommt ein strahlender junger Mann im eleganten Blazer, mit adretter, graumelierter Föhnfrisur, die Stimme plötzlich einen halben Ton höher.
«Guten Abend, meine sehr verehrten Damen und Herren, wieso sind Sie alle hier, hat man Sie zwangsverpflichtet? Woher kommen Sie? Mönchengladbach! Neuer Trainer, was? Wie, Sie interessieren sich nicht für Fußball? Wer hat denn gestern Abend Fußball geguckt? Aha! So viele! Ihr seid ja wohl verrückt, ich reiß mir den Arsch auf bei MAZ ab!, und ihr guckt im ZDF Fußball!» Und schon hat er sie, sie johlen und quieken, und er darf sich jede Anzüglichkeit, jede Unverschämtheit erlauben, für die sie einen braven Papi wie Max Schautzer aus der Halle jagen würden. Harald Schmidts frecher Charme verwandelt Sticheleien in bejubelte Flirts. «Sie haben schöne Haare, wie nennt man diese Farbe? Und ist das Ihr Freund? Aha. Wollen Sie den heiraten? Sehr vernünftig, die Kinder sollten nicht ohne Vater aufwachsen. Sie da hinten gucken so kritisch – sind Sie vom katholischen Frauenverein oder mehr so vom Rand-

gruppenspielfilm? Ach, vom Schützenverein! Was machen Sie da, schießen Sie auch aufeinander?»
Die Stimmung steigt. Harald kommentiert die Rocklänge der Damen und die Bierbäuche der Herren, alle würden ihm jetzt eine Rheumadecke oder ein 25-bändiges Lexikon abkaufen – wenn es mal mit der Fernsehkarriere nicht mehr klappen sollte, hätte er mit Kaffeefahrten ausgesorgt.
«So», sagt er abschließend, «und nachher wird anständig gelacht, egal, ob Sie den Witz verstanden haben oder nicht», und sogar brisante Wahrheiten wie diese kann er riskieren: «Jaja, vorher tut man immer so, als sei man eine große Familie, und hinterher schleicht sich der Moderator durch den Hinterausgang und sagt: ‹Haltet mir die Leute vom Leib!›»
Bei Harald Schmidt wird auch das belacht, und nun geht die Sendung los, das Publikum ist bester Laune und klatscht frenetisch, als Harald zu Beginn der Sendung sagt: «Guten Abend, meine Damen und Herren, wie schwierig sieht es doch aus, ein Quiz zu moderieren, und wie einfach ist es in Wirklichkeit – Zweireiher öffnen und los.»
Und los. In glänzender Laune, schlagfertig, witzig, sarkastisch mit Studiogästen, die sich salbadernd ausbreiten, milde pastoral mit den Schüchternen, nie so ganz ernst nehmend, was er da tut. Er schwitzt nicht, er ist nicht aufgeregt, er braucht keine Spickzettel, und wenn eine Panne passiert, freut er sich, denn im Improvisieren ist er unschlagbar. Dabei hat er vorhin auf dem Flur noch geklagt, ja Migräne, die habe er öfter mal, das käme von der Hektik im Beruf, man müsse ja doch vieles verdrängen, um durchzuhalten, ob man denn wisse, dass Migräne ein elektrolytisches Gewitter im Gehirn sei, nein, dann nichts essen, nur ein dunkles Zimmer, nein, rauchen tut er auch nicht mehr, seit er mal Blut gespuckt hat, und hier, alles

Narben von wegoperierten Leberflecken, aus Angst vor Hautkrebs ...
Wir haben es mit einem Hypochonder zu tun. Angst vor Hunden. Ständige Beschäftigung mit sich selbst. Und wer meint, dass Kabarettisten, Bühnenkomiker, aufgekratzte Moderatoren im wahren Leben auch so sensationell unterhaltend seien, der irrt sich. Hildebrandt trinkt Kamillentee, Freitag sagt nur ICH ICH ICH, Hüsch betont: Interessiert mich alles nicht, ich will meine Ruhe, Schneyder ist chronisch schlecht gelaunt, Rogler ist nervös und zappelig. Aber Schmidt ist nett, und man denkt verdutzt: Wo isser denn? Da lässt sich nichts greifen, keine Kontur, keine Ecken und Kanten, kein erkennbares Engagement, keine Ab- und Zuneigungen. 1,94 Meter angepasste Freundlichkeit, und erst, wenn das rote Lämpchen angeht, kommen Witz, Ironie, Schnelligkeit, Originalität wie der Kasperle aus der Kiste.
Der Mann ist für das Fernsehen vielseitig benutzbar – da liegt seine Chance: dass sie ihm ALLES anbieten werden. Die Gefahr: dass er ALLES wird machen wollen. Er will den Samstagabend, und er kriegt ihn im Herbst: als Nachfolger von Kurt Felix mit «Verstehen Sie Spaß?». Er wollte eine eigene schrill-schräge, möglichst geschmacklose Sendung, und er hat sie, zusammen mit dem ihn perfekt ergänzenden, blitzgescheiten Herbert Feuerstein – «Schmidteinander» im WDR 3 und anderen dritten Programmen. Statt gedehnter 90 jetzt nur noch flotte 60 Minuten lang. O-Ton Schmidt: «Das bedeutet für Sie, liebe Zuschauer, noch mehr Platituden in noch kürzerer Zeit und für uns weniger Arbeit für die gleiche Kohle.» Sie fressen es ihm aus der Hand.
Er arbeitet sich immer weiter vor. Er würde, ohne zu zögern, das Festival niederrheinischer Akkordeonfreunde moderieren, um seinem Ziel – ein großer Entertainer mit

besten Sendeplätzen zu werden – damit etwas näher zu kommen. Seine Pointen kommen wie aus der Schrotflinte, und sie gingen ihm auch dann nicht aus, hätte er die ersehnte tägliche 60-Minuten-Show auf dem Bildschirm.
Er hat Talent, er hat Tempo, er hat Ausstrahlung – hat er auch einen irgendwie gearteten moralischen Standpunkt? Oder kann sich ein Unterhalter keinen Standpunkt leisten, muss er auch in politisch schwierigen Zeiten locker, professionell, benutzbar sein? In Italien ist der beliebteste Moderator, Pippo Baudo, mal mitten in einer Sendung auf die Seite der streikenden Bühnenarbeiter getreten. Das, glaube ich, wäre bei Harald undenkbar. Es ist ein merkwürdiger «Un-Ernst» um ihn, er scheint allzu pflegeleicht, dabei wirkt er doch wie ein Mann, der eine Meinung haben müsste, könnte – und nicht wie ein albernes Jüngelchen à la Gottschalk oder ein Selbstüberschätzer wie Carrell. Wir wollen auch nicht den chronisch betroffenen Biedermann Elstner wiederhaben, aber einer wie Harald und dann so ein Hauch von Festigkeit in JA und NEIN, von einer gewissen Linie – das wär's.
Auch auf der Kabarettbühne bleibt Schmidt seltsam unpolitisch und undurchschaubar. Er ist sprachlich der Gewitzteste aller derzeitigen Kabarettisten, schneidend und schnell, von einem Thema zum anderen. Kanzler-Lachnummern gibt es bei ihm ebenso wenig wie die ewige schleimige Betroffenheit eines «Worüber-grämen-wir-uns-heute»-Programms. Aber wo steht der Mann? Man wird den Eindruck nicht los, dass ihm wirklich alles egal ist, relativ egal, nur nicht der Augenblick bei Rotlicht.
Früher war Harald Schmidt im Düsseldorfer Kom(m)ödchen, fünf Jahre lang. Dann hatte er Lust auf ein erstes Soloprogramm, und Lorentz, Kom(m)ödchen-Chef, stöhnte. «Jong, Jong, Jong, mit so dünnen Hündchen willst du Kar-

riere machen?» Er machte, und die schlappen Witze schwollen durch seine Bühnenpräsenz zu beträchtlichem Format. Jetzt bestehen Bühne und Fernsehen nebeneinander, und beides bietet Harald in konservativem Schick dar – kein Kellertheateroutfit, keine affigen Bühnenmonturen. «Mein Publikum», sagt er, «sieht aus wie ich. Wir Deutschen sind kein Volk von Ausgeflippten. Man muss mit sich selbst stimmig sein.»

Abitur im Schwäbischen, staatlich geprüfter Organist für Kirchenmusik, Zivildienst statt Wehrdienst – aha! Eine politische Entscheidung!? Nein, sagt Harald, er empfände sich selbst als unpolitisch. Ich glaube ihm das nicht. Jemand, der von der Banalität des Alltags so viel versteht wie er, der die Absurditäten so augenzwinkernd aufspürt, der ist politischer als die ewigen Gesinnungskabarettisten, die uns allen die Leichtigkeit genommen haben. Harald Schmidt steht nicht rechts und nicht links: Er steht genau davor und schaut unbarmherzig scharf hin, so, dass die Wirklichkeit zur Kenntlichkeit verzerrt wird. Das ist seine Haltung – aber die ist nicht einfach und nicht sofort erkennbar. Und darum wird Harald Schmidt eben nicht bei Kaffeefahrten landen.

Er wird die große Fernsehunterhaltung der neunziger Jahre machen, smart, gescheit, äußerlich angepasst und doch alle Anpassung geschickt unterlaufend durch diese einmalige Mischung aus bösem Blick und strahlendem Lächeln. Er wird nicht auf den geistlosen Schickimicki-Partys zu finden sein. Und wenn Seichtere als er sich feiern lassen, wird er zu Hause bei seiner vor der Öffentlichkeit gut versteckten Freundin sitzen und ein bisschen Migräne haben, Gewitter im Gehirn.

Und ein letztes, aufrichtiges Wort als Kollegin aus dem Fernsehen: Mit keinem anderen Moderator hat mir die Arbeit je so viel Spaß gemacht wie mit diesem völlig normalen, versteckt sensiblen und total professionellen Mann namens Schmidt. Hoffentlich wissen unsere blasierten und verknöcherten öffentlich-rechtlichen Anstalten, was sie an ihm haben.

Veröffentlicht in *Brigitte* 4/1992

Die Schönen von Hollywood

Wie unsere Mütter wollten wir NIE aussehen, aber wie Audrey Hepburn, Liz Taylor oder Vivien Leigh beziehungsweise Scarlett O'Hara. Und unsere Mütter wollten auch nicht wie ihre Mütter aussehen, sondern wie die Göttinnen auf den SALEM-Zigarettenbildern: Lilian Harvey, Greta Garbo, Brigitte Helm, Marlene Dietrich, Gitta Alpar, Carole Lombard – übrigens: alle blond. Und vielleicht schwärmten die Großmütter genauso für Jean Harlow, Mae West und Gloria Swanson, ach ja: alle blond. Die Hollywoodfrau schlechthin ist blond. Klug ist nicht so wichtig, schön ist wichtig, und Blond ist wichtig. Ausnahmen bestätigen die Regel – wer so veilchenblaue Augen hat wie Liz Taylor, darf auch dunkles Haar haben, wer so rehzart ist wie Audrey Hepburn, muss geradezu dunkel sein. Aber von Marilyn Monroe bis hin zu Madonnas verzweifelten Versuchen, durch immer neues Nachfärben ihr zu gleichen: In Hollywood war und ist Blond angesagt. Lauren Bacall und Brigitte Bardot, Meryl Streep, Mia Farrow, Kim Basinger, Glenn Close, Michelle Pfeiffer – blond. «Engelchen», sagt Humphrey Bogart zu einer Blondine, ehe er das Zimmer verlässt und indem er ihr ein Buch zuwirft, «Engelchen, lies das. An deinem Körper gibt es nichts mehr zu verbessern.» Die schöne sündige Frau ist blond, auch das treudoofe Hausmuttchen à la Doris Day: superblond. Und da saßen wir nun mit fünfzehn in den Kinos und wussten: Wenn wir uns keine Haartönungscreme kauften, wäre alles schon von vornherein gelaufen.

Die Schönen von Hollywood | 71

Das Kino, der dunkle, geheimnisvolle Ort, in dem man mit dem ersten Freund saß, die heißen Hände fest ineinander verschränkt, zeigte uns die ersten Identifikationsfiguren: Nein, so angezogen wie Scarlett O'Hara oder Sissi konnten wir in Essen-Rüttenscheid nicht herumlaufen, aber die flachen Ballerinas von Leslie Caron, die weit schwingenden Röcke von Audrey Hepburn, das war zu machen. Wir trugen Brigitte Bardots Ringelpullover, einen blonden Pferdeschwanz wie sie und bonbonrosa Lippen. Wir verglichen unsere Freunde mit Gary Cooper, Montgomery Clift und James Dean und verlangten hauteng Levis und eine Zigarette im Mundwinkel, sonst lief gar nichts. Später, als wir *The Purple Rose of Cairo* sahen, in dem der angebetete Filmschönling Mia Farrow zuliebe von der Leinwand hinunter in den Zuschauerraum steigt und mit ihr eine Affäre beginnt, dachten wir, dass wir in den fünfziger Jahren alles dafür gegeben hätten, wäre Marlon Brando einmal zu uns ins Parkett heruntergestiegen ... würde er das heute tun, liefen wir laut schreiend davon.

Im Kino passieren die Träume und Albträume. Wir messen unsere Wirklichkeit an der, die wir da sehen, unser Leben an dem, das uns vorgeführt wird, unser Aussehen an dem der Stars. Nicht an allen – Ingrid Bergman, Silvana Mangano – das waren Frauen von einer so überirdischen Schönheit, da verbat sich jeder Vergleich, jedes Sehnen. Aber was zum Teufel sollte Ellen Barkin haben, was wir nicht auch hätten, was war denn Besonderes an Meryl Streep, Diane Keaton und Jessica Lange?

Jede Frau kann schön sein! Auch aus einem Allerweltsgesicht können der richtige Maskenbildner und der richtige Augenblick alles machen. «Engelchen», sagte Humphrey Bogart zu der unscheinbaren Vorzimmersekretärin, «Engelchen, tu mir einen Gefallen, nimm die Brille ab und lös dein Haar für mich ... wow! Ich wusste es doch: auch in dir steckt eine Göttin.» Na bitte. Wir nahmen die Brillen ab, wir lösten das Haar, wir sahen niemals aus wie Grace Kelly oder Lauren Bacall. Am Anfang, in unseren ersten Kinojahren, waren die Stars noch älter als wir. Dann waren wir gleichaltrig. Heute sind wir älter und staunen über Julia Roberts – soooo viele Zähne hat man heute? Und sieht nicht im Grunde Katherine Hepburn viel besser aus als Julia Roberts, ist vielleicht Jugend und Schönheit gar kein Synonym? Auch unser Frauenbild hat sich geändert, und das Hollywoodfrauenbild zieht mit. Der Vamp der frühen Jahre räkelte sich in Pelzen auf Seidenbetten, behangen mit ein paar Kilo Schmuck. Dann trugen die Frauen Schneiderkostüme, waren das, was man *tough* nennt, zäh, selbstbewusst, zielstrebig, lehnten sich aber zu gern an eine Nadelstreifenschulter an und waren letztlich ohne Mann doch tief unglücklich. In den klassischen Kriminal- und Agentenfilmen fungierten die Frauen als mehr oder weniger dusselige Liebchen, «Gespielinnen» hießen sie gar bei (unter) James Bond, heute ballern sie selbst, wie Kathleen Turner im *Rosenkrieg* und all die andern verrückten Mädels mit ihren *Basic Instincts* und *Fatal Attractions*. Auch früher gab es neben den Glamourstars schon die Verrückten, die, die nicht ganz so attraktiv und atemberaubend waren, dafür aber etwas anderes konnten – tanzen wie Debbie Reynolds und Ginger Rogers, schwimmen wie Esther Williams, fluchen wie Bette Midler. Heute gehören Frauen wie Kathy Bates, Whoopy Goldberg, Marianne Sägebrecht zu den Stars – in den Fünfzigern wären sie unmöglich gewesen. Die Traumfabrik wird zur Realitätsfabrik, die unsere Träume zu erraten versucht und sie recht und schlecht bedient.

Die Schönen von Hollywood | 73

Was ist in? Scheidungsdramen? Bitte sehr, *Kramer gegen Kramer*, *Husbands and Wives*, da ist das Leben, wie wir es kennen. Wir identifizieren uns illusionslos – ja, so sind wir auch, müde, zänkisch, eifersüchtig, klumpig angezogen in der Überforderung des Alltags. Und dann wird ein alter Hollywoodfilm wiederholt, und die alten Träume erwachen: So elegant, so schön, so geheimnisvoll wären wir auch gern! Aber wir wissen auch, dass schöne Mädels in Hollywood fast immer unter die Räder kamen, nicht jede konnte einen Fürsten heiraten und davonschweben – auf viele warteten Armut, Suff, Drogen und die Unfähigkeit, mit Alter, mit dem Verlust von Ruhm und Schönheit fertig zu werden. Marilyn und Romy und Grace sind tot, die beiden Hepburns und Jeanne Moreau haben im Alter an Faszination nichts eingebüßt, die Kunstprodukte Raquel Welch, Bo Derek, Linda Evans werden ersetzt durch immer neue Pin-ups – Madonna, Cher, Kim Basinger. Heute wissen wir, dass die Männer, für die wir am meisten geschwärmt haben – Clift, Hudson, Cooper –, homosexuell waren, James Dean ist tot, Marlon Brando kurz vorm Platzen und Robert Redford auch nicht mehr, was er mal war. Die Träume verblassen, aber ins Kino gehen wir immer noch, um uns Geschichten erzählen zu lassen. Zwar wird oft, allzu oft Nacktheit mit Erotik verwechselt und Brutalität mit Männlichkeit, aber plötzlich gibt es Filme wie *Die besten Absichten* oder *Ein Engel an meiner Tafel*, und da sitzen wir und sind glücklich, wie es die Inschrift über dem Kino von Gentilly besagt, das Walker Percy in seinem Buch vom «Kinogeher» beschrieben hat. Die Inschrift lautet: «Wo Glück so wenig kostet». Das ist das ganze Geheimnis.

Veröffentlicht in *Brigitte*, 1993

«Da gehst du nicht hin!»
Bob Dylan in concert

In den fünfziger Jahren stand in unserer Wohnküche auf einem Eckwandbrett ein Loewe-Opta-Radio mit magischem grünem Auge. Mittwochabends saß ich davor und hörte Chris Howland, der im NWDR Platten spielte von Bill Haley und Chuck Berry, Little Richard, Duane Eddy, Buddy Holly and the Crickets, den Everly Brothers, Harry Belafonte und – Elvis Presley. Meine Mutter bügelte dazu und schüttelte den Kopf und sagte: «Grauenvoll! Schicken wir dich etwa für so was aufs Gymnasium? Verstehst du denn wenigstens, was die da singen?» – «Ja», sagte ich, «Rock und Roll rund um die Uhr, *rock around the clock*», und meine Mutter sagte: «Mach du lieber deine Schularbeiten.»
In den ersten acht Wochen des Jahres 1955 war Bill Haley mit «Shake, Rattle and Roll» ununterbrochen in den Top Ten der Hitparaden, und ich liebte ihn, aber nur so lange, bis ich das erste Foto von ihm sah. 1958 kam er nach Essen zu einem Konzert, am Tag der Papstwahl, was man im Bistum Essen missmutig vermerkte, dieser «Komet der Triebentfesselung», wie eine Zeitung schrieb. «Da gehst du nicht hin», entschied meine Mutter, und dabei wusste ich noch gar nicht, was Triebe sind. Ich war damals 15 Jahre alt, trug drei Petticoats, einen Büstenhalter mit Drahtgestell, einen Pferdeschwanz und hatte gerade meinen ersten Kuss bekommen.
Mein Herzenswunsch war ein Plattenspieler, und ich bekam ihn zu Weihnachten: Es war ein rotes Köfferchen,

«Da gehst du nicht hin!» | 75

Kunstleder auf Pappe. Der Lautsprecher war im Deckel, und meine erste Single, von meiner Mutter dazugelegt, war ein Satz aus Händels «Feuerwerksmusik». Ich stellte den Plattenspieler im Wohnzimmer auf die Häkeldecke unter den Messingkronleuchter mit fünf asymmetrisch gemusterten Tüten und heulte vor Glück. Gleich nach den Feiertagen kaufte ich mir «Marina», von Rocco Granata gesungen, weil mein Freund das immer unter dem Fenster unserer Wohnung pfiff, wenn ich runterkommen sollte. «Ich muss nochmal zum Briefkasten!», rief ich dann und war ganz schnell weg.

Die Musik spielte von allem Anfang an eine große Rolle bei der nun zu entdeckenden Liebe: Es gab Stücke zum Küssen, zum Tanzen, zum Toben, zum Schmusen und für die Eisdiele, und die tollsten Partys feierten wir bei Axel, weil der eine Musiktruhe mit schrägen Füßen und einem Zehnplattenwechsler hatte: Hintereinander liefen nonstop «Wheels», «Love Me Tender», «Peggy Sue», «Maybellene», «Blueberry Hill», «Roll Over Beethoven», «C'mon Everybody», «Summertime Blues», «Heartbreak Hotel» und «Rip it up», und dann drehten wir den ganzen Stapel um, aßen vom Schwanz einer gusseisernen Katze schnell ein paar Salzbrezeln und tanzten zu den Rückseiten.

Als wir älter wurden, änderten sich das Leben, die Mode, die Politik, der Musikgeschmack. Die Beatles kamen und verwandelten Rockmusik in Popmusik, erst viel später haben wir gemerkt, was das bedeutete – der Sex war raus, die Aggressivität, und «I Want to Hold Your Hand» regte nicht mal mehr unsere Eltern auf. Das tat höchstens noch der unerhörte Pilzhaarschnitt der Beatles, und unsere Freunde hatten nun alle lange Haare. Protest, Protest! Wogegen? Zuerst mal gegen «Solange du die Füße unter meinen Tisch ...», dann hatten wir das Gefühl, so laut, wie unsere Eltern «Heil Hitler!» gerufen hatten, müssten wir «Hail, hail, Rock 'n' Roll!» schreien. Wir bekamen bei den Doors, den Animals, den Rolling Stones eine Ahnung davon, dass Musik Rebellion sein konnte, Wörter eine Waffe, und Frank Zappa, Chef der Mothers of Invention, schrieb schon damals eine bitterböse Satire auf das weltweit gigantische Geschäft mit der Rockmusik: «We're Only in it for the Money» – wir tun's nur fürs Geld.

Wir trugen Felljacken und ausgestellte Hosen, indische Flatterkleider und perlenbestickte Stirnbänder, und unsere Eltern wussten nie, ob das Haschischdampf oder Räucherstäbchen waren, was da aus unseren Zimmern waberte. Die ersten Helden starben – Jim und Jimi, Janis und Brian, und wir klebten schwarze Streifen über ihre Poster an den Wänden und zogen von zu Hause aus, um in WGs zu leben, Flugblätter zu drucken und gegen den Vietnamkrieg zu demonstrieren.

Damals glaubten wir noch, dass mit John F. Kennedy alles besser gelaufen wäre, aber Kennedy war tot, Martin Luther King war tot, und in Deutschland prügelte der Staat so auf seine rebellische Jugend ein, dass er sich damit eine Untergrundbewegung säte, an der er heute noch zu knacken hat. Zuerst brannten nur die Konsumtempel, dann gab es Tote, und wir lernten unser Englisch weniger in der Schule als an den Texten von Bob Dylan. Die Reden von Martin Luther King gab es auf Platte, wir konnten sie auswendig, und als später dann Nixon und Reagan redeten, merkten wir sehr wohl den Unterschied.

Als John Lennon erschossen wurde, zitierten wir ein amerikanisches Transparent, auf dem böse Sachen standen: «Warum sind es immer John F. Kennedy und John Lennon?

Warum sind es nie Richard Nixon und Paul McCartney?»
Gemein, aber die beiden ersten fehlten uns doch mehr, als uns die beiden zweiten je fehlen würden.

Daneben gab es die deutsche Hitparade mit Dieter Thomas Heck, und es ist nicht so, als hätten wir die nicht glühend geliebt, so wie einen das Entsetzliche ja oft besonders fasziniert: der Schmettertenor von Karel Gott! Die Zähne von Jürgen Marcus! Die Haare von Lena Valaitis! Die Goldkettchen von Rex Gildo! Die Nase von Vicky Leandros! Die ewige Liebe von Cindy und Bert! Und ach, die Texte, die Texte! «Disch erkänn isch mit verbundnän Augen / ohne Lischt und in der Dunkälheit», sang Bata Illic, ja, auf so was musste man doch erst mal kommen! Christian Anders sang vom Zug nach Nirgendwo, den es noch gestern gar nicht gab; und meine Mutter sang immer noch beim Bügeln: «Hat dein heimatliches Land / keinen Reiz für deinen Sinn?» Sonntags gab's im Radio das Wunschkonzert, gar nicht schlecht, und als ich anfing, Klavier zu spielen, versuchte ich mich nicht an «Help Me Make it Through the Night», sondern an «Albumblatt für Elise».

Ich hörte immer noch die Stones und nun auch Tom Waits, Lou Reed, Bruce Springsteen, aber nebenbei sang ich im Bach-Chor «Kommt, eilet und laufet / ihr flüchtigen Füße / erreichet die Höhle / die Jesum bedeckt.» Nein, das schloss sich nie aus, populäre und klassische Musik – es gab und gibt gute oder schlechte Musik, aber ob Klassik oder Rock oder Blues – wichtig war und ist, was Musik in dem, der sie hört, auslöst, was sie sagt über die Zeit, in der man lebt.

Auch in Deutschland gab es Rockmusik – Ted Herold wackelte mit den Hüften wie Elvis, und Can war eine Band von Weltrang. Aber bekannter wurde die deutsche Liedermacherszene – die Balladen von Reinhard Mey, die Chansons von Klaus Hoffmann, die politischen Lieder von Degenhardt und Wader, und schon 1977 sang Konstantin Wecker mit seinem «Willy» gegen ewiggestrige Rechtsradikale, und schon 1977 gefiel das zum Beispiel dem Bayerischen Rundfunk ganz und gar nicht.

Wir durften überhaupt immer alles, was «ausländisch» gesungen war, hören – die rebellischen Anti-Präsidenten-Lieder von Mitch Ryder, Freches zum Thema Selbstbefriedigung von Gianna Nannini, das verstand ja eh keiner! Aber kaum wurde ein Text deutsch gesungen, erwachten die Zensorenohren: «Besuchen Sie Europa, solange es noch steht», empfahl Geier Sturzflug – ab damit in den Giftschrank. Und dann kam die Neue Deutsche Welle – plötzlich hießen die Gruppen nicht mehr Dschingis Khan oder Vadder Abraham und seine Schlümpfe, sondern Einstürzende Neubauten, Armutszeugnis, Geisterfahrer, Nachdenkliche Wehrpflichtige, Dünnbrettbohrer, Rückwärtsgang und Fleischeslust. Es gab Gruppen, die oft nur eine einzige Platte machten, dilettantisch zusammengezimmert, mit rabiaten Texten, und dann war's auch schon wieder vorbei. Nena mit ihren Luftballons und Markus mit seiner «kleinen Taschenlampe» gehörten am rosa Rand dazu, aber der Kern der NDW war anders, ruppig, dreckig, patzig, unzufrieden – Notdurft nannte man sich, um zu provozieren, Schamlippen, Ätztussis, und plötzlich fuhr kein Zug mehr nach Nirgendwo, sondern Zeitgeist sang: «Gib mir ein Ticket für die Unterwelt / wenn die Planeten krachen / dann möcht ich weiterlachen!» Es gab Klartext von der Gettoband: Ich denke oft, ich bin im falschen Land geborn / seit tausend Jahrn gelehrt / wie man die Macht vermehrt / in mir gärn Scham und Zorn.» Vergeblich haben wir das im Radio gesucht – da düsten stattdessen die gefälligen Humpe-Schwestern, und das Lederduo DAF – Deutsch Amerikanische Freundschaft – durfte «singen»: «Tanz den Adolf Hitler, tanz den Mussolini.» Der starke Rechtsruck, über den auf einmal alle so jammern, ist ja nicht neu. Damals fing er an – und wer ein RAF-Abzeichen an der Jacke trug, wurde allemal schneller verhaftet als ein Glatzkopf mit tätowiertem Hakenkreuz.

Die NDW hielt sich nur wenige Jahre. In Amerika verschwanden die Gruppen wie Velvet Underground ebenda – im samtenen Untergrund. Es wurde gerappt und gehiphopt, und wenn Madonna einen spitzen BH und Strapse anzog und Michael Jackson sich neurotisch zappelnd zwischen die Beine fasste, galt das als sexy – wir schalteten um auf Bach, Mozart, dann Prokofjew, Strawinsky, siehe da: Auf einmal konnten wir auch Wagner hören, *the times, they are a-changin'* ... Bleib draußen, Welt.

Wir fuhren nachts Auto, weil man im Auto die beste Anlage hatte und am lautesten aufdrehen konnte, und was hörten wir? Die Doors, Eric Clapton, Billie Holiday: *Lover come back to me* – da war wieder das alte da-doo-ron-ron-Gefühl der Sechziger, aber in MTV hatten Mädchen mit Namen wie Mandy oder Samantha das Singen, und kleine Jungen mit umgekehrt aufgesetzten Baseballkappen und XXL-T-Shirts kreischten und fuhren dazu auf Skateboards. Guns N' Roses galt plötzlich als «gefährlichste Band der Welt», warum? Weil der Sänger in Unterhöschen auftrat? Ich fand die Toten Hosen dagegen viel gefährlicher, weil sie Witz hatten, wenn sie sangen: «Es gibt 1000 gute Gründe / auf dieses Land stolz zu sein / warum fällt uns jetzt auf einmal / kein einziger mehr ein?» – Witz war schon immer besonders subversiv.

Inzwischen gehen sie alle wieder auf Tour, die jetzt Fünfzig- bis Sechzigjährigen: Eric Clapton, John Mayall, Lou Reed, John Cage, Mo Tucker, Leonard Cohen, und sie spielen handgemachte Musik, *unplugged* heißt das Zauberwort, und sie spielen Whitney Houston an die Wand. Aber das Gift aus den Texten ist dahin – *we don't walk on the wild side any longer*, wir singen vom Himmel, von der Liebe, von der Suche nach dem Selbst.
Komischerweise wird Leonard Cohen gerade wieder sehr bissig politisch und hat immer noch mehr Sex in der Stimme als Michael Jackson zwischen den Beinen, und überhaupt ist nach wie vor ein Dinosaurier des Rock wie Keith Richards mit einem einzigen Augenaufschlag plus Gitarrenriff gefährlicher für Leib, Leben und Moral als die tanzenden Derwische von Guns N' Roses in acht Stunden Open Air.
Ohne Musik geht absolut gar nichts. Mehr noch als Bilder, Bücher oder Filme, mehr noch als alles andere macht der richtige Ton im richtigen Moment die Tür zu Herz und Seele auf – heute wie damals, wie eh und je. «Ich wollte wie Orpheus singen / dem es einst gelang / Steine selbst zum Weinen zu bringen / mit seinem Gesang», hieß das schönste Lied von Reinhard Mey. *All we need is love.*

Veröffentlicht in *Brigitte* 23/1993

Harry Rowohlt: Pooh's Corner
Annäherung an den Dichter

Was schöpfen Bienen, wenn Bären in der Nähe sind? Argwohn.
Was schöpfe ich, wenn «Pooh's Corner» in der *Zeit* gedruckt wird? Neuen Lese- und Lebensmut.
Was will ich damit sagen?
Dass hier ein Dichter spricht, dem ich mich verbunden fühle. Uns eint tiefes Misstrauen gegen Helmut Schmidt (frz.: le feldwébel) und Gérard Depardieu. Beide wünschen wir uns einen neuen deutschen Kaiser und halten den Katholizismus für eine sado-masochistische Spielart. Wir mögen keine breiten Schlipse, und das Wort DÜSSELDORF lässt uns das Blut in den Adern gefrieren.
Aber als Stalin starb, war Harry Rowohlt erst acht Jahre alt und ich schon zehn, das trennt uns und macht, dass wir die Welt unterschiedlich sehen und betreten: er trägt z. B. Sandalen (aus New York), ich verabscheue Sandalen; er liebt Hamburg, bei mir kommt Hamburg gleich nach DÜSSELDORF; er wurde als Kind in Gelsenkirchen zwischengelagert, ich in Essen, aber unser beider erster Bär hieß Fritz. Doch der größte Unterschied ist: Mein Vater hieß Karl Riegert, seiner Ernst Rowohlt. Ich wuchs an Tankstellen auf, Harry in Verlagen. Benzin gegen Bücher – er hat gewonnen. Er hat, als der Kopf noch formbar war, die richtigen Sachen gelesen und die richtigen Gedanken gedacht, und er wuchs heran zu einem stattlichen, selbstbewusst und griesgrämig auftretenden Bären, ich hingegen ähnele eher Ferkel aus *Pu der Bär*, das in meiner Ausgabe auf Seite 77 er-

klärt: «Es ist sehr schwer, tapfer zu sein, wenn man zu den kleinen Tieren gehört.»

Harry Rowohlt gehört zu den großen Tieren, was Herz und Witz und Verstand und Trinkvolumen anbetrifft. Er kennt mehr Wörter als wir alle und kommt in seinen Kolumnen listig mit ganz wenigen aus, und wenn er selber über seinen Flann O'Brien und dessen aberwitzige Kolumnen schreibt:

«Diese Art Journalismus, der das Medium der seriösen Tageszeitung missbraucht, um hemmungslos hellsichtigen Schabernack zu treiben, hat es vorher und nachher nicht gegeben», dann rufen wir: «Doch! nachher!» und wissen, wen wir meinen.

Herrgott, warum ist er nicht Reiseschriftsteller und erklärt uns die Welt? Wahrscheinlich ist er zu faul dazu, sitzt lieber zu Hause vor großen Krügen Bier(es) und übersetzt Buch um Buch, und man merkt es beim ersten Satz: Ah! Das ist Harry! Zurückblättern, gucken: Ja, das ist dann immer Harry.

In Kuba nennt man ihn Henry Rowchet, in Irland Hakky Kowalsky, in der *Zeit* Pooh. Der echte Pooh – Winnie – hieß in Wirklichkeit Eduard Bär, und nun ist die Verwirrung komplett, aber eben doch nicht, weil ein guter Autor laut Flann O'Brien «die Aufsplitterung der Persönlichkeit in mehrere Abteile zum Zweck der literarischen Äußerung» braucht.

Schluss des Vorhergehenden.

Pu der Bär denkt lange nach, um dann das Nächstliegende und Einfachste zu sagen. Harry Rowohlt schätzt «sagen, was man denkt. Und vorher was gedacht haben.» Wenn Harry Rowohlt z.B. traurig ist über den Tod seines Bruders Heinrich Maria, und wenn er Siegfried Unselds

Nachruf im *Spiegel* dazu liest, dann denkt er lange nach über den Satz «Wir wurden Freunde», und am Ende schreibt er: «Hier irrt Unseld.» Schöner kann man es nicht sagen. Wir haben es bei Harry wie bei Pu mit Zen-Meistern zu tun.

Verdammt, Harry, vor zwei Jahren hast du ein Kopfgeld auf Peter Boenisch (Sudel-Pepe) ausgesetzt. Ich hab dir damals sofort 10 DM geschickt und nie wieder was von dir gehört. Sind die nicht angekommen, oder hast du sie versoffen?

Nachwort zur Ausgabe der Gesammelten Werke,
Haffmans Verlag, 1993

Der Mann und sein Auto

Wir waren arm zu Hause in den fünfziger Jahren – Ofenheizung, Klo auf dem Flur, aber vor der Haustür immer ein Porsche, wahlweise Jaguar oder Mercedes, einmal auch ein silbernes Rennauto, in dem schon Karl Kling gefahren war. Mit so was wurde ich dann von der Schule abgeholt und bekam von gedemütigten Lehrern, die gerade den Zweiten Weltkrieg verloren hatten – und nun auch noch dies! – natürlich Fünfen in Mathematik und Chemie.
Aber wie blühte mein kleiner Vater auf, wenn er hinterm Steuer saß! Wie schmuck sah er plötzlich aus. «Ob blond, ob braun, ich liebe alle Frau'n» – und die Frauen, ach, sie spürten das … Dabei war er nur ein hochbegabter Automechaniker, der jedes Schmuckstück ein paar Tage länger zur Reparatur dabehielt, und Probefahrten mussten ja auch gemacht werden.
Oh, ich weiß, wie so eine Maschine einen verwandelt – es ist wie im Mittelalter, wenn der Rote Ritter in seiner schimmernden Rüstung auf seinem weißem Ross herangestürmt kam, da hatte doch so ein Minnesänger mit Laute keine Chance mehr.
Die Männer wissen das bis heute, instinktiv, es steckt ihnen im Blut, und so ist das Auto ihr letzter großer Balzplatz, der Ort für die Beweise von Kraft und Herrlichkeit. Aufgepasst, ihr kleinen Mädels, hier kommt euer Ritter – bis hin zum Papst in seinem Designerkleidchen, aufrecht stehend unter der Glaskuppel des Papamobils. Wär das nicht überhaupt die Zukunft: Der Mann im Boss-Anzug oder in der Arma-

ni-Jacke stehend in seinem Auto, sodass man alles von ihm sieht? Die gläserne Garage für den Liebling gibt es ja schon. So kann Vati im Wohnzimmer sitzen und den Ford Capri Tag und Nacht sehen und bewachen. Vatis Leben bei der Versicherung ist ein wenig, na, sagen wir, ereignislos, und Mutti – deren Platz nicht mehr so sehr am Herd als vielmehr auf dem Beifahrersitz ist – ist in den letzten Jahren, na, sagen wir, ein wenig kühl geworden. Und so geht denn alles, was Vati an erotischen Träumen, an unausgelebten Sehnsüchten und Herzenswünschen hat, auf dieses Auto: Die superbreiten Reifen zeugen davon, natürlich Sportfelgen, natürlich Spoiler (im Frauen-Fachjargon gern «Potenzbürzel» genannt), natürlich ist der Wagen tief gelegt, hat einen extra dicken Auspuff, dessen ganze Schönheit man leider erst sieht, wenn Vati sich auf der Autobahn mal überschlägt. Natürlich ist die Hupe eher eine Fanfare, und an der Heckscheibe klebt irgendwas mit *Sylt* oder *Playboy* oder auch der Warnspruch «Wer bremst, verliert».

Kurz und gut: Wir haben es mit dem «besonderen Outfit für den engagierten Individualisten» zu tun. Denn die Autobranche, die viele Millionen Mark Umsatz im Jahr allein mit Eitelkeiten-Schnickschnack macht, liefert zu all dem die passende Philosophie per Katalogtext: Von «explosiver Dynamik» ist die Rede, ein verlängerter Auspuff «setzt unübersehbare Akzente am Heck», dicke Hinterrohre bringen «Leistungsoptimierung, tollen Sound und rassiges Design». Auf Wunsch wird Vatis Zweitschwänzchen auch gern vergoldet. Der Dezibel-Grenzwert von 74 ist für den echten «Autosportler» natürlich eine Katastrophe. Hat er sich dafür den Sportauspuff mit der «interessanten Sounddarstellung» angeschafft, verdammt nochmal?

Aber der Sound lässt sich ins Innere leiten, und da klingt er wie röhrender Hirsch auf Asphaltwiese. Wolfgang Röhl hat hier im *Stern* mal zugegeben, was wir Mädels immer schon wussten: Je dicker das Rohr, desto doofer der Fahrer. Aber der ahnt nichts davon. Er brettert durch die Gegend, ein Fenster heruntergelassen, ein Arm draußen, er spricht mit seinem Auto wie David Hasselhoff, und wir möchten ihm zurufen: Dann mach doch das eine, du weißt schon, auch mit ihm! Hasselhoff macht es mit seinem sprechenden Freund bestimmt.

Das Auto ist die Droge gegen den Frust nicht ausgelebter Gefühle. Da verbieten sie den Joint und erlauben Heckspoiler – komische Regierung. Dabei ist die Erotik des Autos längst dahin, die windkanalgetesteten Kisten werden immer hässlicher, aber Erotik ist ja überhaupt dahin, deshalb muss wenigstens manchmal eine spärlich bekleidete Tante quer überm Kühler liegen und ein bisschen davon signalisieren. Autos müssen groß und stark sein in Zeiten, wo Männer klein und schwach sind. Oder könnten Sie zu einem Mann aufschauen (ach, was für ein schönes Wort!), der auf der Autobahn von anderen überholt wird? Gell, das könnten Sie auch nicht.

Zum Glück boomt ja die Hobbypsychologie, und jeder, der mal drei Semester studiert hat, kann uns heute genau erklären, wer warum welches Auto fährt. Ehrgeizlinge mit sozialem Klettertrieb brauchen den Porsche zur Verlängerung ihrer Persönlichkeit, Proleten (Gibt's die noch? Sind wir nicht alle längst in der S-Klasse?) fahren Manta, Professoren und Schwangere Volvo, Renault-Fahrer hören Klassik, VW-Fahrer lieben Volksmusik, Citroën-Fahrer waschen ihr Auto nicht, BMW-Fahrer sind die klassischen Drängler und Mercedes-Fahrer die kleinen Manager. Wer schon 1967 gegen den Schah-Besuch war, fährt mit eisgrauem Bart und Norwegerpullover mit Tiermuster noch immer 2CV, und längst ist der Trabi-Fahrer nicht mehr das gedemütigte Arschloch Ost, sondern der stolze Künder von Nostalgie und Sozialismus, jetzt mit Autotelefon.

Ach ja, Autotelefon, eine wahre Geschichte aus meinem reichen Leben: Da stand ich neulich im Stau und hatte wirklich einen wichtigen Termin, musste wirklich telefonieren, und der schneidige Junge im Wagen neben mir telefonierte auch aufgeregt in Sachen Termine, der würde doch Verständnis haben – ob er mich gegen Bezahlung, mal eben ...? Seit der Pubertät habe ich keinen Mann mehr so tiefrot werden sehen wie ihn, als er mir gestand, dass sein Telefon eine Papp-Attrappe war. Gerührt fühlt man sich als Frau erinnert an die Hasenpfoten in den Ballettthosen der Herren, und das alles nur für uns – Dank, Dank, immer Dank! Ich liebe sie richtig wieder, diese «Ach-bitte-finde-mich-doch-toll»-Männlein, von denen wir mal dachten, sie hätten alles im Griff.

Ach was, sehen wir uns doch nur die Prinzen unter den Autofahrern an, die Formel-1-«Piloten» – was sind das nicht durchweg für hässliche, dämliche kleine Würstchen, nur aufgemöbelt durch ihren Boliden nebst Blondine in der Box. Nicht unseren Spott verdienen sie, sondern unser Mitleid, wie ja auch eine 13-Jährige bei einer Umfrage unter Schülern schrieb: «Autofahrer sind die ärmsten Typen bei uns. Erstens nehmen ihnen die Autofabriken Wahnsinnspreise ab. Zweitens schickt man sie auf total überfüllte Straßen. Drittens macht man sie mit zahllosen Staus fertig. Viertens liegen Radaraugen ständig auf der Lauer, und fünftens legt man immer mehr Steuern auf ihr Auto.»

Recht hat sie, und sechstens, was man mit 13 noch nicht weiß, sind wir Frauen, sofern wir selber denken und lenken können, nicht mehr so tief zu beeindrucken wie noch von Jerry Cottons Jaguar E oder James Bonds Aston Martin mit herauskatapultierbarem Beifahrersitz. Höchstens Onkel Dagobert Duck, reichster Mann der Welt, könnte uns mit seiner rosa Luxuslimousine (Sitze mit Leopardenfell bezogen) noch beeindrucken. Obwohl, rosa? Auch da haben die Psychologen rastlos geforscht, natürlich bedeutet es was, welche Farbe ein Auto hat. Rote rasen, gelbe lieben Risiko, das heißt, sie sind miserable Fahrer, grüne haben immer recht, blaue ärgern sich zu viel und zeigen am meisten den berühmten Finger, nur auf die Schwarzfahrer ist Verlass.
Farben, sagt die Werbung geheimnisvoll, «decken Lifestyle-Segmente ab», und Goethe wusste schon in seiner Farbenlehre: «Gebildete Menschen haben einige Abneigung vor Farben.» Wenn wir nun bedenken, dass Bill Clinton privat ein Ford Mustang Cabrio in Eisblau fährt und Madonna einen schwarzen Mercedes, ja, müssen wir uns denn dann nicht besorgt fragen, warum nicht Madonna Amerika regiert?

Übrigens, Frauen haben keinen Fuchsschwanz an der Antenne (Warum wohl? Was haben sie nämlich sonst auch nicht – na, na? Genau!), dafür einen Teddy auf dem Rücksitz. Die gehäkelte Klorolle hingegen und Babyschühchen am Rückspiegel sind männlich. Fährt mal ein Mann ein typisches Frauenauto – etwa einen Mini –, kommt er sich vor wie Tootsie. Vom Frauen-Golf, den *Brigitte* mal für ihre Leserinnen bauen ließ, sind mir nur noch die Unmengen praktischer Schminkspiegel an allen (un)möglichen Stellen in Erinnerung.

Fahren Frauen anders? Natürlich. Ihre Autos sind meist Müllkippen, ihre Fahrweise ist erwiesen rücksichtsvoller, sie fahren in der Regel nicht zum Briefkasten, um gesehen zu werden, sondern zum Kindergarten, um die Kleinen abzuholen. Gern fahren sie neuerdings auch im übergroßen Jeep zum Supermarkt, aber das Verhältnis zum Auto, das der Mann im Laufe der Jahrhunderte (jawohl, von der ersten Pferdestärke des Ritters an) entwickelt hat – das kriegen wir einfach nicht rein. Ich würde mich in einer Karre mit Heckspoiler totschämen, aber es waren ja auch schon in den Märchen immer die Herren, die auf fliegenden Teppichen oder in Siebenmeilenstiefeln das Weite suchten, um die Prinzessin zur Frau zu gewinnen.

Die ganze armselige Lächerlichkeit des Autokults sieht man, wenn ein Güterzug mit hundert bunten, stillen, einsamen Blechbehältern vorbeifährt – alle sehen (noch) gleich aus. Welche Mühe wird es den Besitzern machen, sich aus dieser Masse abzuheben und ihr eigenes unverwechselbares Kultobjekt hochzustylen! Und dann auf in die Straßenschlacht, mit Pistole im Handschuhfach, und rein in die Autopartei, die in der Schweiz '85 gegründet wurde und inzwischen wunderbarerweise «Freiheitspartei» heißt, oder wenigstens in den Landesverband «Mobil in München». Und nie aus den Augen lassen, das gute Stück, auf dem Autobahnparkplatz sich dicht daneben stellen und gleich dort pinkeln, so ist es gut. Eigentlich, besagt eine Umfrage, haben Autofahrer, wenn sie sich ans Steuer setzen, das gleiche schlechte Gewissen wie beim Besuch im Puff. Lassen möchten sie gleichwohl beides nicht. Das fängt in der Pubertät an und reicht bis ins hohe Alter.
Ich kenne einen, der gibt nicht mit Autos an, sondern mit

seinem Kühlschrank. Jetzt hat er einen aus Amerika, der musste mit dem Kran in seine Penthouse-Wohnung gehievt werden, ging weder ins Treppenhaus noch in den Fahrstuhl. Damit kann er nun alle dreißig Minuten zehn Liter Eiswürfel in fünf verschiedenen Formen machen – allerdings im Flur, in seine Küche passt der Eisschrank mit seinen 2,35 Metern Höhe und 300 Kilo nicht. Was für ein Mann! Jungens, da liegt für euch die Imponierzukunft, vergesst das Auto, sattelt um auf: «Soll ich dir mal mein Eiswürfelfach zeigen?»

Veröffentlicht im *Stern* 23/1995

Chris Howland: Happy Days?
Ein Vorwort

In den fünfziger Jahren ein Teenager zu sein, nein, das war nicht besonders komisch. Die Väter hatten gerade den Krieg verloren und waren entsprechend schlecht gelaunt, die Mütter verteidigten noch trotzig ihre Schwärmerei für Hitler («Er hatte was, was auf Frauen wirkte») und waren ansonsten in den Kriegs- und Aufräumjahren hart geworden. Für verliebte Teenager gab's da leicht was auf die Ohren; die Klamotten, die wir trugen, waren ebenso Anlass für Endlosdiskussionen wie die Lippenstifte, die ersten Muratti Filterzigaretten, die Musik, die wir hörten. Die Musik! Da sang meine Mutter sonntagmorgens beim Bügeln das Wunschkonzert im Radio komplett mit, ich wollte vom Guten Hohen Schönen nichts wissen, sondern trällerte «Last Train to San Fernando» vor mich hin … Dergleichen konnte man mittwochabends im NWDR hören, wenn ein Schallplatten-Jockey (ja, so hieß das damals noch!) seine Musikkiste öffnete und rief: «Hallo, Freunde, boooiiing! Hier is Mister Heinrich Pumpernickel …», und dann saß ich da, rot glühende Ohren und Wangen, schrieb Texte mit in dem bisschen Englisch, das ich gerade in der Schule gelernt hatte, hörte zum ersten Mal Harry Belafonte und Petula Clark und war selig. Zwischendurch erzählte dieser Mister Pumpernickel in haarsträubendem Deutsch, worum es in diesen Songs ging und was gerade so in seiner Familie, in der englischen Hitparade und in der Welt überhaupt los war.
Unser Radio war ein Loewe Opta mit magischem grünem

Auge und Stoffbespannung. Es stand auf einem dreieckigen Wandbord über dem Küchensofa in der Ecke, und um es an-, aus- und lauter zu machen, musste ich immer erst aufs Sofa klettern. Erste Ohrfeige: «Nich mittie Schuhe auffem Sofa, verdorri!» Zweite Ohrfeige: «Nich so laut datt Gedudel!» Es gab ständig Ärger wegen dieser Sendung, aber ich hatte mir mit Tränen, Trotz und Geschrei erkämpft, sie hören zu dürfen, jeden Mittwochabend, ich glaube, es war um halb acht. Mein Vater ging derweil in die Wirtschaft gegenüber, meine Mutter musste immer genau in der Zeit Gardinen nähen oder Säume an Kleidern kürzen und ratterte mit der Nähmaschine, nur, um meine Höreuphorie zu stören – ihre eigenwillige Methode, «das Kind» vor Schund und Negermusik zu bewahren.
Es gelang ihr nicht.
In diesen Mittwochstunden mit diesem Engländer, der im wirklichen Leben (was war damals das wirkliche Leben?) Chris Howland hieß, passierte viel. Ich lernte Englisch mit Pat Boone und Little Richard, ich lachte mit und über Chris Howland, ich entdeckte meine Liebe zur Popmusik und: meine Liebe zum Radio. Hier entstand sie, und die lockere und unkomplizierte Art von Chris Howland, über Platten und Liebe und die Welt zu reden, klang mir immer in den Ohren bei meiner eigenen Rundfunkarbeit viele Jahre später. Chris Howland ist und war mein einziges, immer bewundertes Vorbild. So wie er wollte ich werden, und ein bisschen so wie er konnte ich später bei SWF 3 sein: Ich habe nie einfach nur Platten abgedudelt, ich habe immer erklärt, was da gesungen wurde, habe versucht, den Hörern klarzumachen, dass Lieder Texte haben, die etwas bedeuten, habe immer Spaß an Wortverdrehungen und falschen Übersetzungen gehabt – wie er. Ich war sein größter Fan,

ohne zu wissen, wie der Mann in diesem kleinen Radio eigentlich aussah.

Später wurde er ein Fernsehstar mit seiner «Musik aus Studio B», aber da war ich Studentin, hatte keinen Fernseher und konnte ihn nicht sehen. Ich sah sein Bild in der Zeitung und sah einen schmalen, sensiblen, sehr sympathischen Mann. Immer hatte ich mir gewünscht, ihn mal kennen zu lernen.

Mitte der siebziger Jahre lag ich in Baden-Baden frühmorgens im Bett und hörte Radio – da moderierte Chris Howland, und er moderierte in meinem Südwestfunk, das heißt, bei mir um die Ecke! Nie habe ich Prominenten aufgelauert und sie mit meiner Bewunderung zugekleistert, aber hier hat es mich nicht mehr gehalten – ich sprang aus dem Bett, Katzenwäsche, anziehen und rüber ins Studio: Da saß er hinter der Glasscheibe, hinter der auch ich inzwischen so oft schon gesessen hatte, schmal, bescheiden, liebenswürdig, und mein Herz klopfte wie in den fünfziger Jahren, wenn er sagte: «Hallo Freunde, *sometimes an April day will suddenly bring showers,* mitten in die April kann plötzlich sein dass Regen, mitten in Glück sind Tränen!»

Als er seine Sendung beendet hatte, lud ich ihn zu mir nach Hause ein – und er ging mit, kein Stargetue, kein Nachfragen, er glaubte mir einfach, dass ich ihn schon seit zig Jahren wunderbar fand und ihm zum Dank ein schönes Frühstück machen wollte.

Und da saßen wir dann, Chris, mein Mann und ich, und am nächsten Tag saßen wir zu viert mit Chris' großartig rheinischer Frau Monika in einer Waldgaststätte, und er zeigte uns eine todsichere Methode, Fliegen zu fangen – von seinem lebenslangen Interesse an Insekten war immer wieder in der Presse zu lesen, sogar eine Bienenzucht hatte er zeitweise betrieben!

Worüber wir redeten? Über Insekten, über die Liebe und das Leben, über Hochs und Tiefs in beiden, über die schnelle Vergesslichkeit der Medien, darüber, wie unbegreiflich arrogant man sich von ihm und anderen Medienpionieren der Nachkriegszeit getrennt hatte, über sein Comeback, über «Vorsicht Kamera», über unsere Liebe zum Radio. Wir wurden Freunde.

Und eines Tages zeigte mir Chris ein paar Manuskripte, schüchtern, zögernd, Geschichten, die er im Laufe der Jahre geschrieben hatte, nur so, wie ich. Ich hatte mich gerade getraut, meine zu veröffentlichen, er brauchte noch einen Schubs, noch ein bisschen Mut.

Es ist nicht einfach für einen «öffentlichen» Menschen, für einen Prominenten, sich auf diese Weise in die Seele sehen zu lassen. Immer ist viel Autobiographisches dabei, aber nicht nur – es kommt die Lust am Erzählen dazu, das Fabulieren, die Phantasie. Chris Howland ist eine Mischung aus Chronik und Poesie gelungen. In seinen Geschichten wird die Nachkriegszeit lebendig, aber es erzählt ein Mann mit feinem Gespür für Zwischentöne, einer, der in die Armee so wenig passte wie in den parteipolitisch stromliniengeformten öffentlich rechtlichen Anpasserfunk unserer Tage. Es sind ihm höchst skurrile Geschichten gelungen – Geschichten, die zurück in die Kindheit führen, in die Zeit bei der britischen Armee, in erste Funk- und Fernsehjahre. Meine Lieblingsgeschichte ist die von Mister Prout, der dem Kind Chris weissagte, es würde Premierminister werden und dann die Schulpflicht abschaffen. Nun, so weit ist es nicht gekommen, aber dass mir Schule wieder Spaß machte, hatte damals viel mit der Lebensfreude zu tun, die

Chris Howland: Happy Days? | 95

ein Chris Howland ins verbiesterte Nachkriegsdeutschland brachte. In vielen Erinnerungen von Chris Howland spüre ich auch Schmerz, Wehmut, einen Hauch Bitterkeit. Wie viele Menschen, die sehr witzig und komisch sein können, ist auch Chris Howland ein Melancholiker, ein leiser Mann, scheu und bescheiden. Das Radio hat er darum immer viel mehr geliebt als das Fernsehen – «Weil niemand weiß, wie man aussieht!»

Mittlerweile wissen wir alle, wie er aussieht, dieser John Christopher Howland. Aber hier hat er mit seinen Geschichten ein neues Medium für sich aufgetan, bei dem das keine Rolle spielt. Er ist ein Erzähler geworden, der den Humor, den bitteren Witz, die Ironie, den Sinn für groteske Zusammenhänge bewahrt hat, die schon den Radiomoderator zur Kultfigur werden ließen. Aber es kommen leise, zauberhaft poetische Töne dazu, für die in den Radiosendungen unserer Tage sowieso kein Platz mehr wäre – als der junge Soldat Howland einen beim Appell zusammengebrochenen, besonders zarten Rekruten wegtragen muss, ist ihm, «als trüge man einen Liegestuhl zum Strand».

Lese ich solche Sätze, glühen meine Wangen vor Glück wie damals am Radio.

Vorwort zur Publikation seiner Erzählungen *Happy Days?*, Kiepenheuer & Witsch, 1995

Besuch bei Johannes Mario Simmel

Wenn Johannes Mario Simmel ein neues Buch geschrieben hat, dann geht das los mit den Interviews – und weil er keine Journalisten in seine Wohnung lassen mag, zieht er für eine Weile ins Hotel und lässt sie alle antanzen. Das trifft mich nun auch, obwohl wir Freunde sind und ich ihn normalerweise besuchen darf – nicht in diesen «Pressewochen».
«Ha», sagt er, «was willst du mich schon groß fragen, was nicht alle bisher gefragt haben!» Und seine Augen funkeln kampfeslustig. «Ich frag dich erst mal gar nix», sage ich, «sondern ich sage dir: Dieses Buch ist gut, aber ist viel zu dick und viel zu voll gepackt.»
«Gar nicht wahr.»
«Wohl wahr.»
«Als ich noch jung war, war ich ein aufgewecktes Kerlchen, und da konnte ich auch dünne Bücher schreiben.»
«Bist du jetzt kein aufgewecktes Kerlchen mehr?»
«Doch, noch viel aufgeweckter, und ich muss noch so viel sagen, und immer kommt noch was dazu und noch was und noch was, und auf einmal ist das Buch so voll gepackt.»
«Und so werden sie immer dicker, deine Bücher – hat das mit dem Alter zu tun, denkst du, die Zeit wird knapp und du musst dich beeilen mit allem, was du noch sagen willst?»
«Ja, vielleicht. Kann sein. Lies mal *Begegnung im Nebel*, das sind frühe Erzählungen, da versuche ich, wie Verlaine, wie Rilke zu schreiben – aber weißt du was?» Jetzt sieht er zornig aus, zornig nicht auf mich, zornig auf das Leben, die

Welt, die Verhältnisse: «Mich kannst du heute mit Verlaine und Rilke am Arsch lecken. Es ist die Realität, die mich quält und fasziniert, mehr als jede Erfindung.»
In diesem neuen Buch – *Träum den unmöglichen Traum* – ist ALLES drin: Der alte Schriftsteller, der lebensmüde ist und nicht mehr schreiben kann, eine alte, eine neue Liebe, die Geschichte eines kranken Kindes, es geht um Organtransplantationen und den Krieg in Sarajewo und um Neonazis. «Mir fehlen», sage ich bissig, «bloß noch die bedrohten Schildkröten an der türkischen Küste.» – «Ha», schreit er, «weißt du, was ich auch hätte machen können? Ich war in Pittsburgh, und da sitzt der Imperator aller Transplanteure, ein Mann namens Starzl, und der ist bereits so weit, dass er Köpfe transplantieren könnte, er muss nur die Nerven noch verwurzeln, und er hat einen Keller voller Köpfe in Nährlösung ...» – «Hör auf!», flehe ich, und er grinst: «Das hätte ich auch schreiben können.»
Warum schreibt er immer noch über journalistische, über recherchierte Themen, warum bleibt er nicht, na, bei der reinen Poesie? «Ich kann nicht», sagt er. «Guck dir die Welt an: Kriege, Elend, Flüchtlinge, Ozonloch, versteppte Erde, Umweltgipfel in Rio, und die Schweine beschließen nichts, und ich soll mich der Poesie hingeben? Pah.»
Und er schreibt von Wundern und vom Träumen. Ist denn noch Hoffnung?
«Nein», sagt er, «eigentlich nicht, aber was denn, wenn wir nicht mehr hoffen und träumen? Wer nicht an Wunder glaubt, ist kein Realist.»
«Was ist Glück für dich», frage ich, «bist du glücklich?»
Er denkt nach. «Ich hab Glück gehabt», sagt er. «Immer wieder unheimlich viel Glück. Und ich bin glücklich, wenn ich schreiben kann.»

Glück gehabt! Die halbe Familie von den Nazis ermordet, als Kind zu stottern angefangen, als ein Lehrer ihn in der Schule als «Mischling mit jüdischen Schweißfüßen» vortreten ließ, in der Pubertät eine schwere Akne mit lebenslangen Narben, die Nazis in Kellern mühsam überlebt, fast totgesoffen an Whisky, die geliebte Frau viel zu früh verloren – Glück gehabt? Großer Gott. Was ist dann Unglück?

«Ich bin Don Quijote», sagt er. «Aber ich hab nicht gegen Windmühlenflügel gekämpft, sondern für und gegen ganz andere Dinge, du weißt es. Und solange ich das noch tun kann, ist es eine Art von Glück.»

Ich denke daran, was er alles macht als Don Quijote, ich denke daran, dass der lahme, inzwischen unengagierte PEN-Club zumachen könnte ohne einen wie Simmel, der ohne jedes Aufsehen Schriftsteller aus Gefängnissen in Diktaturen freikauft. Er will nicht, dass man darüber spricht. Ich tu es aber doch. Seine Bescheidenheit macht mich wahnsinnig, jahrelang hat er sich als Schriftsteller verächtlich prügeln lassen, jetzt wird er gelobt – was empfindet er da, späte Genugtuung? Ach du liebe Güte, nein, das liegt ihm gar nicht. Er ist schüchtern, er ist bescheiden, er fällt auf Lobe nicht mehr rein, er versucht, dass Angriffe ihn nicht mehr zu sehr schmerzen. Was schmerzt?

«Die braune Pest. Die Neonazis, die schon wieder da sind. Die Briefbomben schicken. Meine Post wird durchleuchtet!» Ich weiß das – ich habe ihm zum 70. Geburtstag einen Teddy geschenkt, natürlich einen mit simmelblauen Augen, und der Teddy brummte im Paket. Eine Spezialeinheit der Polizei nahm das Paket im Freien auseinander – wo leben wir eigentlich?

«Hast du Angst?», frage ich. «Nur vor Schmerzen», sagt er, und ich schimpfe, denn das kann ich nicht hören. Frauen

gehen mit Schmerz anders um als die zimperlichen Männer, Schmerzen gehören zum Leben; wenn man sie aushält, sagen sie uns etwas, und er solle nur mal, sage ich, die Berichte von Folteropfern lesen. Der Schmerz ist zu ertragen, wenn man sich in ihn fallen lässt und sich ihm nicht entgegenstemmt. Die Grausamkeit des Folternden, das ist das Unerträglichste. Angst vor Schmerz! «Du Feigling», sage ich, «und wenn du senil wirst und verblödest und nicht mehr lesen und nicht mehr schreiben kannst, davor hast du keine Angst?» Er wird ganz aufgeregt. «Du hast Recht», sagt er, «ich bin dämlich, das wäre viel schlimmer. Blödwerden wäre schlimmer, das wäre das Allerschlimmste.» Da sitzt er in diesem Feudalhotel, ein kleiner, schmaler, scheuer Mann, der doch sein Leben lang den Mund aufgemacht und sich nie gefürchtet hat. Ich habe ihn ordentlich lieb in diesem Augenblick und denke daran, wie viel er immer über die Liebe geschrieben hat, die Liebe als Hoffnung und Ausweg – *Gott schützt die Liebenden* heißt eines seiner Bücher, und im neuen steht ein Dostojewski-Zitat: «Einer wird umkehren und wieder mit der Liebe anfangen müssen.» – «Ich wünschte, das wär von mir», seufzt Simmel. «Er hat's geschrieben, du lebst es», sage ich. Und frage vorsichtig nach der Liebe im Alter, in seinem Leben, nach Einsamkeit. Er kann jetzt gut allein sein, einsam ist er nicht. «Nicht so wie Marlene», sagt er, «die jahrelang im Bett lag und nur noch telefonierte.» Auch mit ihm, Nacht für Nacht, und Marlene Dietrich hat zu ihm gesagt: «Man kann einen Menschen, den man liebt, nicht glücklich machen, auch wenn man alle seine Wünsche erfüllt, solange man selbst nicht glücklich ist.»
Jetzt sitzen wir beide ganz still da und überlegen, ob und wie dieser Gedanke auf uns zutrifft oder nicht. «Was

wünschst du dir noch», will ich wissen. Er denkt nach und grinst: «Peter Alexander ist Professor», sagt er, und wir haben tüchtig was zu lachen. Dann sagt er doch tatsächlich: «Ich wär so gern ‹wirklicher Hofrat›.» – «Was ist das denn?», will ich wissen, und er weiß es auch nicht, aber es klingt so schön. Er hat es mal bei Herzmanovsky-Orlando gelesen, «ein wirklicher Hofrat», und das hat er einem Staatsträger gesagt – wirklicher Hofrat, kann man das werden? Der Staatsträger hat einen ernsthaften Brief geschrieben: Da, hätten Sie, lieber Herr Simmel, sich schon im Staatsdienst hochdienen müssen, bedaure. Wir haben noch mehr zu lachen.
Bundesverdienstkreuz? Nein. Orden, Ehrenzeichen? «Ich hab einen schönen Karnevalsorden, den hatte ich angesteckt, als ich in Monaco eingeladen war und neben Grace Kelly saß, sah toll aus, hat keiner gemerkt.» Und dann wird er wieder ernst. «Ich wäre gern ein Gerechter in Israel», sagt er, «weißt du, jemand der Juden geholfen hat.» Seine Mutter hat unter Lebensgefahr drei Jahre einen jüdischen Kunsthändler versteckt, der hatte ein kaputtes Bein. Als die Befreier kamen – die Russen –, humpelte er ihnen mit glücklich erhobenen Armen entgegen und schwenkte seinen Stock, und die Russen müssen den Stock für ein Gewehr gehalten haben und erschossen ihn sofort. Wo ist der Sinn in allem? «Es gibt keinen», sagt Simmel. «Und trotzdem.» Ist er gläubig? Plötzlich kommt der Gedanke an «Gott» in seinem neuen Buch vor, und wir beide wettern doch immer gegen die Kirche. «Ich glaube natürlich nicht an den bösen lieben Gott», sagt er, «aber irgendwas muss doch sein, irgendeine Kraft, oder?» Ich schaue ihn skeptisch an, und er sagt: «Ja, das ist vielleicht das Alter, dass ich das hoffe.» Ach, diese Hoffnung auf einen Sinn, die uns lebenslang

umtreibt. Für ihn ist sie der Motor zum Schreiben. «Sünden», sage ich, «gibt es denn Sünden?» Er denkt wirklich lange nach. «Eine», sagt er. «Den Mut verlieren.»

Veröffentlicht in *Brigitte* 7/1996

Männerfreundschaften
Überlegungen zu
zwei Grundwahrheiten

Erste Grundwahrheit: Die Erde ist eine Scheibe
Das ist ganz schnell abgehandelt. Gut, immer wieder behaupten Astronauten, die Erde sei eine Kugel und sie hätten es von da oben aus selbst gesehen. Aber, Hand aufs Herz, dienen diese überzüchteten Weltraumkraftmeier in den albernen Kack- und Pinkelanzügen, diese alten Kinder, die alle zu viel «Star Trek» und «Raumschiff Orion» gesehen haben und letztlich nicht wissen, ob Mozart eine Kugel oder ein besonders weiches Toilettenpapier ist, dienen solche Leute uns etwa als zuverlässige Auskunftgeber? Glauben Sie solchen Männern? Männern, die Teflonpfannen erfinden und in den Mondstaub kleine Fähnchen stecken? Pah. Das Argument, dass auch Frauen schon vom All aus die Erde angeblich als Kugel identifiziert haben wollen, gilt nicht. Es gab immer schon Frauen, die alles dafür tun und taten, um sich bei gewissen, unsereinem gemeinhin verschlossenen Männerbünden anzudienen.
Natürlich ist die Erde eine Scheibe, was denn sonst. Wo wären denn all die Männer, die zum Zigarettenholen weggegangen und nie wiedergekommen sind, wenn sie nicht aus Versehen eben an den Rand dieser Scheibe geraten und einfach ins Nichts hinuntergefallen wären? Es gibt keine andere plausible Erklärung.
Also bitte.

Zweite Grundwahrheit: Es gibt Männerfreundschaften

Punkt 2 bedarf etwas längerer Erörterung, ist aber genauso logisch. Natürlich gibt es Männerfreundschaften! Lopez und Piëch! Scharping und Wecker! Lafontaine und Peter Maffay! (Wobei ich zugebe, dass zumindest die beiden letzten Beispiele irgendwie doch mehr über den Kunstverstand unserer Politiker aussagen als über wirklich tiefe Freundschaft von Mann zu Mann.)

Aber sehen Sie sich doch mal um – denken Männer nicht geradezu rührend gegenseitig an ihre Geburtstage? Sie schicken sich Briefe und liebevoll mit Schleifen verzierte Päckchen, sie rufen sich an, wenn es dem Freund schlecht geht, sie weinen sich an Freundes Brust aus, sie schenken sich Blumen, sie treffen sich einfach nur so, um ein bisschen zu reden ...

Oder etwa nicht?

Besonders innige Männerfreundschaften gibt es unter Waffenschiebern und Mafiosi, im Geheimdienst und im Opus Dei, das geradezu dafür erfunden wurde. Der ganze Vatikan: eine einzige große Männerfreundschaft, wo – allerdings in Kleidchen! – über die Belange von uns Frauen verhandelt wird. Japaner schneiden sich sogar Finger ab, nur um zu zeigen: Ich bin dein Freund, ich gehör auch dazu! Und wie schön halten Männer doch immer im Krieg zusammen, das ist ein Kämpfen und Singen und Marschieren, dass es eine Kameradenlust ist – «Kling, Klang und Gloria / das Lieben, das ist aus, / die Rosse sind gesattelt, / zum Tore geht's hinaus!» Da muss das Mädel zurückbleiben, da sind die Burschen unter sich und schreiten Seit an Seit und sind sich Kameraden, einen bessern find'st du nit. Tränen der Rührung schossen mir ins Auge, als ich einst Verteidigungsminister Volker Rühes Antwort auf die Frage las, was denn für ihn Glück sei: «Ein Truppenübungsplatz im Morgengrauen», bekannte er, und wir verstanden sofort, a) wie schön es für einen Mann ist, so vielen gedrillten Kameraden zuzuschauen und zu wissen: Ich bin einer von ihnen! ich bin sogar ihr Chef!, und b) woher das Morgengrauen seinen Namen hat.

Ach, und wie schön war es doch damals in den Kolonien, als weiße Männer noch mit schwarzen Weibern so herrlich unter sich waren! Überhaupt war alles viel angenehmer, als die Frauen noch nicht so emanzipiert waren, überall mitredeten und alles besser wussten. Da gab es noch echte schöne Männerbünde. Heute hat eine Männerfreundschaft kaum noch eine Chance – die Gattin will mit an den Stammtisch! Ja, wie soll man denn da die köstlichen Witze erzählen à la «Kommt 'ne Frau beim Arzt ...» Hahahaha! Manchmal rauchen Männer noch in aller Ruhe eine Monte Cristo Nr. 1 zusammen, aber immer ist eine Frau in der Nähe, die das ungesund, stinkend oder schädlich für die Vorhänge findet. Also muß der Mann ausweichen. Er muss zum Boxen gehen, wo er höchstens Margarethe Schreinemakers trifft, aber die ist ja so klein, da kann man zur Not drüber wegsehen. Er kann das ZDF Sportstudio gucken, da wird er so leicht keiner Frau begegnen müssen. Oder er geht auf den Fußballplatz, da kann er auf den Rängen mit seinesgleichen grölen wie weiland in den Höhlen, und er kann auf dem Platz ungehindert drücken, knutschen, küssen, wenn ein Tor fällt – im normalen Leben dürfte er das nicht, man würde ja gleich denken, er wäre schwul. Das ist überhaupt so schwierig – wenn sie sich mal in den Arm nehmen, wird sofort geargwöhnt: «Na, die werden doch nicht ...?» Wir Frauen haben es da viel leichter, unsere Freundschaften sind ja sowieso nur süße nette kleine Klatsch- und Tratschstünd-

chen, gell? Ja, lacht ihr nur, es ist das Lachen des Ehemannes über seine dumme Frau, weil das Salz im Pfefferfässchen war, bis er merkte, dass im Pfefferfässchen das Arsen war. Männerfreundschaften! Herrlich. Wir sehen sie überall, bei der Polizei und den Bergkameraden, im Orient, wo Frauen nicht mal mehr ihre Gesichter zeigen dürfen, so eng sind die Männer miteinander befreundet, aber auch bei uns in den Banken, in den Firmen und Vorstandsetagen – wie herzlich gehen nicht Chefs und Angestellte miteinander um! Oder die Sumo-Ringer! Hat man je dicke Frauen so freundlich voreinander hocken sehen, ohne dass irgendetwas passierte?
Frauen erzählen sich gern ihre Erlebnisse aus der allerersten Nacht. Neun von zehn waren damals unglücklich. Die Männer waren beim ersten Mal alle TOLL. Wo sind die neun, die uns unglücklich gemacht haben? Männer verklären untereinander die Niederlagen, so was verbindet, so was schafft Freundschaften, vor allem auch gegen die dusseligen Weiber. Auch der Weltkrieg zwo wird im Nachhinein eine tolle Sache, und wäre er nicht doch zu gewinnen gewesen und sähe dann nicht doch manches anders aus? Aber hallo.
Männer sind Kumpel. Sie hauen sich auf die Schulter und rufen «Na, altes Haus!» oder «Hallo, alter Junge!», wenn sie sich treffen, und wenn ein Mann in eine Bar geht und da vier Freundinnen am Tresen sitzen sieht, dann sagt er: «Na, ihr Schönen, so allein heute Abend?» Er bietet uns seine Freundschaft an, obwohl wir doch nur Frauen sind! Aber das nehmen wir nicht an, denn wir wissen, er will in Wirklichkeit nur das eine, und jeder Mann träumt letztlich – das hat mir Karlheinz, 41, zwei Zentner, gerade gestern noch zugegeben – jeder träumt heimlich von der Zauberfee. Was

das ist, eine Zauberfee? Eine Frau, die sich unmittelbar nach dem Vögeln in einen Kasten Bier und fünf *Freunde* verwandelt. Na bitte, das ist der Beweis.
Es gibt Männerfreundschaften.

Veröffentlicht im *Kursbuch* 127 (März 1997)

Eine Tüte Hass
Über Berlin

Verdammt nochmal, dauernd muss man sich rechtfertigen, wenn man Berlin nicht mag.
Dabei ist es mit Hass und Liebe doch immer so: Ein Blick – und man weiß Bescheid. Heiß oder kalt. Jetzt oder nie. Ja oder nein.
Berlin war bei mir das Nein auf den ersten Blick, den ersten Geruch, den ersten Ton. Warum zum Beispiel sprechen die Berliner eine Oktave höher als alle anderen Menschen? Das allein ist schon unerträglich, und überhaupt ist ihr Dialekt – Dialekt? – der scheußlichste aller Dialekte, dagegen wirkt sogar das Pfälzische noch schön.
1964 ff. habe ich in Berlin studiert, großer Gott, wie furchtbar das war. Alles, die Uni, die Professoren, die ewigen Demos – damals fing das gerade an –, die U-Bahn, die Vermieter, alles war grau, unfreundlich, lieblos, aggressiv, schlecht gelaunt, und das jeden Tag.
Erträglich nur der tägliche Gang durch Dahlem, weil es hin durch die Löhlein-, zurück durch die Brümmerstraße ging, das gab Raum für schöne Sprüche: «Ein Brümmer geht so lange zum Löhlein, bis er bricht» oder «Wer den Brümmer nicht ehrt, ist das Löhlein nicht wert» oder «Ein Löhlein macht noch keinen Brümmer» oder «Wer anderen ein Löhlein gräbt, brümmert selbst hinein». Das kann trösten.
Aber ansonsten – Siegessäule, Olympiastadion, Brandenburger Tor, Reichstag, mein Führer, wir grüßen dich, und überall kamen und kommen sie aus den Löchern, die alten und die neuen Nazis. WAW – Weißer Arischer Wider-

stand –, nur in Berlin kann es so was als Mordkommando schon wieder geben, und fragen Sie mich nicht, *warum* – ich weiß es nicht, aber diese Stadt hat was Gnadenloses in genau diese Richtung, hier sind die tätowierten Kerle mit Kurzhaarschnitt noch hässlicher als sonstwo.
Was haben wir im Krieg im Ruhrgebiet gesungen, wenn die britischen Bomber kamen? «Lieber Tommy, fliege weiter, fliege weiter nach Berlin. Wir sind arme Bergarbeiter. *Die* ham alle *JA!* geschrien.» Vielleicht mochte ich Berlin da schon nicht und war doch noch ein Baby.
In Berlin muss man Kampfhund sein, dann geht's einem gut, und dann kriegt man auch anständiges Fressen und nicht Kotelett, Eisbein, Solei, Bulette und buntes Bier.
Das Schlimmste an Berlin ist seine Geschichte. Das Schlimmste sind die Häuser. Das Schlimmste ist der Geruch in der U-Bahn. Das Allerschlimmste ist der Berliner, nicht der mit Marmelade drin, sondern der mit der angeblichen Schnauze, die dich anbellt, was immer du auch fragst. Wuff, baff, zack, eens uffen Kopp.
«Es lebt aber in Berlin, wie ich an allem merke, dort ein so verwegener Menschenschlag beisammen, daß man mit der Delikatesse nicht weit reicht, sondern daß man Haare auf den Zähnen haben und mitunter etwas grob sein muß, um sich über Wasser zu halten.» So Goethe an Eckermann, und ich meine, dieser Goethe kam aus Frankfurt – auch nicht gerade eine Perle der Kultur.
«Dass wir Berliner sind, das merkt doch jedes Kind, wir reißen Bäume aus, wo keene sind», singen die Schulkinder, und, ja, so isses, und bald sind auch keene Bäume mehr da, denn Berlin wird ja gepriesen als größte Baustelle Europas, und das soll uns hinlocken, oder was? Für Eberhard Diepgen ist Berlin die Baustelle, an der «Deutschlands Einheit

aufgebaut» wird. Wenn ich solche großkotzigen Töne schon wieder höre! Tauft es doch gleich um in «Germania», wollte das der Führer nicht sowieso tun? Und dynamisch, heißt es, sei Berlin. Ist dynamisch auch schon ein Wert an sich?
«In unvorstellbarem Tempo», schreibt der Reiseführer «Verliebt in eine Stadt – Berlin», «ist alles im Wandel begriffen.» Will ich etwa Wandel in unvorstellbarem Tempo? Ich will Ruhe! Frieden! Harmonie! Schönheit! Diese Worte kennt man in Berlin nicht, diese Sehnsüchte auch nicht, denn «was heute noch ein lauschiges Eckchen ist, kann morgen schon von einem Baukran belagert sein», na prima. (Zitat aus demselben dusseligen Buch.)
Ich kann überhaupt nichts sachlich Gültiges über Berlin schreiben. Ich bin viel zu selten da, und wenn, komme ich schon mit schlechter Laune an – Berlin mag mich nicht, ich mag Berlin nicht, in dieser Stadt geht mir immer alles schief, angefangen von ewigen Streitereien mit Taxifahrern – «Heidenreich? Jüdisch, wa? Vajessen zu vajasen?» – über Krach in Kneipen bis hin zu einer Talkshow, die ich in Berlin moderiert habe. Ging auch schief. Ich bin einfach geschädigt.
Der Ku'damm! Gibt es eine hässlichere Straße? Warum sind nicht da die Abrißbirnen, warum mähen sie das «Kranzler» nicht um, warum den armen Potsdamer Platz?
Berlin ist die Schicksalsstadt der Deutschen! Ich glaube, Willy Brandt hat das gesagt. Kann man seinem Schicksal entkommen? Ich denke schon. Ich bin gewillt!
Berlin ist ganz und gar auf märkischen Sand gebaut. Sand kann sich auftun und alles verschlingen, ganz plötzlich. So gesehen ist ja noch Hoffnung.

Veröffentlicht im *Spiegel special*, 6/1997

Dumme Fragen an die Dichter

Der Schriftsteller ist auf Lesereise unterwegs und hat im hell ausgeleuchteten Gemeindesaal auf der Bühne zwischen zwei Buchsbäumchen, an einem zu niedrigen Wackeltisch mit krächzendem Mikrophon sitzend, seine Geschichte dem andächtig lauschenden Publikum – fast nur Frauen, wenige, dann aber begeisterte Männer – vorgelesen. Ein Augenblick der Stille, der Schriftsteller schaut furchtsam und zugleich trotzig gewappnet hoch – er hat sein Bestes gegeben, er ist nicht Goethe, das weiß er auch! Da kommt der Applaus, freundlich und kräftig. Und die Buchhändlerin spricht Dankesworte und fordert auf, nun Fragen an den Schriftsteller zu stellen.
Das ist die Stunde des Schreckens. Zuerst, natürlich, traut sich niemand. Aber dann kommen sie, die immer gleichen Fragen, und ich wünschte, ich könnte sie hier ein für alle Mal beantworten, und dann würden wir vielleicht, meine Leser und ich, nur noch über die Texte reden, über die Texte! Aber ach. Die Fragen lauten, in etwa dieser Reihenfolge gestellt:

1. **Wie lange haben Sie an dem Buch geschrieben?**
Grundguter Himmel! Stellt man eine Uhr auf den Schreibtisch, wie beim Schach, und drückt jedes Mal, wenn ein Satz zu Papier kommt, und dann wieder, wenn er beendet ist und der Blick aus dem Fenster schweift oder die Füße zum Kühlschrank schlurfen, um das nächste Glas Wein einzuschenken? Läuft die Uhr auch in der Zeit, in der nur der

Kopf läuft, nicht aber die Finger auf den Tasten tanzen? Begnadeter Thomas Mann, der es nachweisen kann: täglich von acht bis zwölf, täglich soundso viel Seiten, einschließlich der Berichte über die Verdauung. Wer zementiert sein Leben schon so konsequent! Wie lange habe ich an diesem Buch geschrieben? Also, wenn Sie es genau wissen wollen: drei Nachmittage. Waaas, nur drei Nachmittage? Ja. Zwei im Sommer, einen im Winter, ich weiß sie alle drei noch ganz genau, erinnere mich an das berauschende Gefühl, als es endlich ging, als endlich alles stimmte, der Rhythmus, die Sätze, die Geschichte. Aber zwischen diesen drei Nachmittagen lagen zwei Jahre. Jahre des Herumspazierens, Nachdenkens, immer wieder Notizen, immer wieder angefangen, immer wieder weggeworfen, nachts schlaflos im Bett gelegen, aufgestanden, etwas notiert, morgens verzweifelt diesen Unsinn gelesen. Zwei Jahre schreiben im Kopf, drei Nachmittage schreiben mit der Hand. Was zählt? Was zählt mehr? Was wollen Sie hören? Ganze zwei Jahre! Bloß drei Nachmittage!

2. Wie schreiben Sie, mit der Hand oder ...?

Mit der Hand und oder ... jeder, der schreibt, schreibt vermutlich zuerst mit der Hand, mit Füller, mit Bleistift, von mir aus mit dem Gänsekiel, auf einen Bierdeckel, den Rand einer Rechnung, die Rückseite von Mutters Brief, auf Zeitungsränder und in Notizbücher. Da ist eine kleine Idee, ein Satz, vielleicht auch nur ein Wort: Winterreise. Und dann wächst die Geschichte, der Bierdeckel reicht nicht mehr. Manchmal werden ganze Romane zuerst mit der Hand geschrieben, und dann kommt die Schreibmaschine dran, seit einigen Jahren der wunderbar leise Computer, der so schwer zu begreifen war und so leicht zu handhaben ist.

«Computer!», raunt das Publikum, und es scheint, als würde eine Liebesgeschichte durch Technik entwertet.

3. Wo schreiben Sie?

Was wollen Sie hören? In der Badewanne? Wo singen Sie?, fragen sie immer wieder die Pavarottis dieser Welt, na, wo alle singen, unter der Dusche. Wo schreibt der Dichter? Wo alle schreiben: am Tisch. Nur: Dieser Tisch muss nicht im Arbeitszimmer stehen, muss nicht hinter verschlossenen Türen sein, und draußen schleichen die Kinder vorbei und Mutter legt den Finger auf die Lippen: Pssst! Vater dichtet! Der Tisch kann in der Kneipe stehen. Ich zum Beispiel kriege die besten Ideen in Zügen und Kneipen, das heißt, unter Menschen, die ich sehen und hören kann, mit denen ich aber nicht reden muss. Das letzte, endgültige Schreiben – das ist ein einsamer Prozess am stillen Tisch, ja. Aber die zahllosen Vorstufen brauchen Geräusche, Gerüche und viele Margaritas, Blicke aus dem Fenster, Musik aus der Box in der mexikanischen Bar, morgens um drei.

4. Haben Sie das alles selbst erlebt, oder ist es nur ausgedacht?

Nur? Nur ausgedacht? Diese Frage ist so empörend, die wird nicht beantwortet. Punktum.

5. Können Sie denn davon leben?

Ja. Würden Sie gern hören, dass der Dichter hungert, leidet, friert? Dass er mit Schirm im Bett seiner wasserdurchlässigen Dachkammer sitzt und sich von Dörrobst ernährt? Dann kaufen Sie nur noch die Bücher, deren Klappentexte erklären, dass sich dieser Autor als Irrenwärter, Leichenwäscher, Eintänzer und Fischverkäufer durchschlägt. Ja, da ist

es, das pralle Leben, so einer weiß dann doch wenigstens, wovon er schreibt! Eine ordentliche Armut und eine entsetzlich unglückliche Kindheit, mehr braucht doch ein Autor nicht für den Durchbruch!
Aber wer schon davon leben kann – der hat es doch dann nicht mehr nötig, oder? Besser ist also die Antwort: Nein. Kann ich nicht. Dann werden nach der Lesung auch sehr viel mehr Bücher gekauft, um dieses Nein ein wenig zu widerlegen und mit Goldrand zu versehen.

6. Was schreiben Sie als Nächstes?
Ja, wer das wüsste. Und wer es weiß, sagt es besser nicht.

7. Gefällt es Ihnen hier in Göttingen (Braunschweig, Wolfenbüttel, Ingolstadt, Husum usw.)
Ja, es ist ganz, ganz wunderbar. Ich danke Ihnen.

Nachtrag:
Aber das Schlimmste, das man einem Schriftsteller antun kann, kommt erst noch. Es kommt nach der Lesung, nach der so genannten Diskussion, es kommt beim kleinen Italiener (Griechen, Spanier, Portugiesen) in Braunschweig (Husum, Gießen, Kiel), wenn man mit den beiden engagierten Buchhändlerinnen, dem ortsansässigen Apotheker, der Lehrerin, den besten Kundinnen der Buchhandlung beim Glas Wein sitzt. Immer gibt es dann eine oder einen, der sich dem Autor zuneigt, verschwörerisch. Dem Autor gefriert schon das Blut, denn er weiß genau, was jetzt kommt. Jetzt kommt:
«Ich erzähl Ihnen jetzt mal was, darüber müssten Sie schreiben.»
Und dann folgt zum Beispiel die Geschichte von den bei-

den drei- und fünfjährigen Töchtern, die im letzten Winter, als es so bitterkalt war, den kleinen Tannenbäumchen im neu angelegten Garten Wollmützen aufgesetzt und Schals umgebunden haben. Ist das nicht unbeschreiblich rührend?

«Wenn ich schreiben könnte, ich würde das sofort aufschreiben, aber Sie, Sie können doch ... und ich könnte Ihnen da zum Beispiel von meiner Tante erzählen, die ...»

Das ist nur noch zu übertreffen von dem Rentner, der mir einmal zuraunte: «Über den Zweiten Weltkrieg wird so viel Quatsch geschrieben. Ich war dabei. Kommen Sie mal zu mir, ich erzähl Ihnen mal ganz genau, wie das war, und das schreiben Sie dann auf.»

Veröffentlicht in *Da schwimmen manchmal ein paar gute Sätze vorbei ... Aus der poetischen Werkstatt,* hg. von Heinz Ludwig Arnold, S. Fischer Verlag, 2001
Elke Heidenreich, Februar 1998

Wer nicht liest, ist doof

Als Kinder haben wir mit Kreide auf die Hauswände gemalt: «WER DAS LIEST, IST DOOF.» Ach, und diese Freude dann, wenn es Eltern und Lehrer lasen, die Doofen! Heute möchte ich manchmal – gibt es überhaupt noch Kreide? – Kreide nehmen und beschwörend ganz groß auf alle Wände schreiben: «WER NICHT LIEST, IST DOOF.» Es gibt eine Menge Leute, die nicht lesen. Und jetzt werden Sie sagen, na, die können dafür sicher prima Fußball spielen und Computer bedienen oder haben mächtig viel Herzenswärme oder Charakter oder sind erfolgreiche Manager. Und ich sage Ihnen: Wer nicht liest, ist trotzdem doof, zum Teufel dann auch mit der Herzenswärme. Die Lust an der Literatur ist auch die Lust am Leben. Die Kunst, zu lesen, in ein Buch hineinzufallen, darin zu versinken, kaum noch auftauchen zu können, ist ein Stück Lebenskunst. Das setzt natürlich den Willen voraus, sich auf Geschichten einzulassen, sich aktiv ins Buch hineinzubegeben, sich bewusst von den Reizen und Zerstreuungen anderer Medien abzuwenden. Und dann kann es eine wunderbare ewige Liebesgeschichte werden – die zwischen einem Buch und einem leidenschaftlichen Leser. Und sind die nicht blöde, die der Liebe ausweichen, wenn sie uns begegnet?
Wir sind allein miteinander: das Buch, die Lampe und ich, und wir haben Geheimnisse miteinander – denn das Buch erzählt mir unter Umständen mein eigenes Leben. «In Wirklichkeit ist jeder Leser, wenn er liest, ein Leser nur seiner

selbst», schreibt Marcel Proust im letzten Band seiner *Suche nach der verlorenen Zeit*. «Das Werk des Schriftstellers ist dabei lediglich eine Art von optischem Instrument, das der Autor dem Leser reicht, damit er erkennen möge, was er in sich selbst vielleicht sonst nicht hätte erschauen können.»
Ich kannte aus den Büchern gewisse Gefühle und Leidenschaften, ehe ich die realen Küsse dazu kannte, las darüber «mit der ängstlichen Nüchternheit der Süchtigen». (Jean-Paul Sartre, *Die Wörter*) Was wir erlesen, übersteigt bei weitem das, was wir erleben, das Leben hält nur mühsam Schritt mit der Fülle der Geschichten, die uns entgegenströmen, wenn wir uns ihnen öffnen. Wenn.
«Das Chaos in mir von unausgegorenen Sehnsüchten, von romantischen Verstiegenheiten, von Ängsten und wilden Abenteuerträumen wurde aus unzähligen Spiegeln auf mich zurückgeworfen, ich bevorzugte das Anrüchige, Zweideutige, Düstere, suchte nach Schilderungen des Geschlechtlichen, verschlang die Geschichten von Kurtisanen und Hellsehern, von Vampiren, Verbrechern und Wüstlingen, und wie ein Medium fand ich zu den Verführern und Phantasten und lauschte ihnen in meiner Zerrissenheit und Melancholie.» (Peter Weiss in *Erste Lese-Erlebnisse*)
Ich wusste als junges Mädchen noch nichts von Männern und Leidenschaften, aber ich spürte sehr wohl, dass da etwas Unerhörtes vor sich ging, wenn Rhett Butler Scarlett O'Hara auf seinen starken Armen die Treppe hochtrug. Dass *Vom Winde verweht* in erster Linie ein Roman über einen grausamen Bürgerkrieg und über die Sklavenbefreiung im amerikanischen Süden ist, das habe ich erst dreißig Jahre später begriffen. Macht nichts. Mit fünfzehn war eben etwas anderes wichtig. Und Proust mit achtzehn ist so falsch wie die *Häschenschule* mit vierzig. Bücher haben

ihre richtige und falsche Zeit für unser Leben. In dieser Zeit prägen sie uns.
Und doch – es ist tatsächlich so: Nicht jeder kann lesen. Man muss für das Lesen eine Begabung haben wie für das Malen und das Klavierspielen – sonst wird nichts Rechtes daraus. Es gibt Menschen, die macht die stille Konfrontation mit dem Buch kribbelig. Ihnen fehlt das innere Ohr, das auf Geschichten hören kann, wie sie leise nur ein Buch erzählt. Wir können diese Menschen ein wenig bedauern, wir möchten auch nicht unbedingt lange Abende mit ihnen verbringen, wir müssen sie aber nicht verachten. Verachtenswert hingegen sind die Bildungskoketteure, die in ihrer Kindheit gelesen haben und jetzt seufzen: «Ach, wie ich Sie beneide, weil Sie so viel lesen! Das möchte ich auch, aber ich komm einfach nicht mehr dazu.» Und auf die, nur auf die, trifft die Behauptung zu, dass, wer nicht (mehr) liest, auch irgendwie doof ist – deshalb heißt es hier: rote Karte, Platzverweis, Liebesentzug. Sie kommen, Verehrteste(r), zum Friseurbesuch, zum Stadtbummel, zum Autowaschen, Sie strampeln für Ihre Karriere, Sie verbringen lange Abende über Hirschragout an Preiselbeerschaum oder mit der Bohrmaschine im Bastelkeller, Sie trainieren sich fit und sitzen vorm Fernseher, um das Literarische Quartett zu ertragen, und dann kaufen Sie die dort wie auch immer «besprochenen» Bücher, stapeln sie auf Ihrem Nachttisch, aber zum Lesen kommen Sie nicht? Wer es braucht, tut's auch, so einfach ist das. Wer es nicht braucht, tut's nicht und ist und bleibt – na ja: ziemlich doof.

Das Lesen, sagt Daniel Pennac, ist eine Seinsweise – es geht nicht darum, ob ich Zeit dazu habe, sondern ob ich mir das Glück leiste zu lesen.

Das ist wie mit der Liebe – keine Zeit dazu? Auch keine Zeit zum Atmen? Lesen ist wie Atmen, schreibt Alberto Manguel. Und da haben wir schon beinahe alles, was wir über das Lesen wissen müssen. Und noch dies: dass das Lesen keine sichere Bank ist, dass die Welt nicht so ist wie in den Büchern, dass uns aber die Gegenwelt der Bücher hilft, die reale Welt besser zu begreifen. Der wahre Zugewinn des Lesens ist eine radikale Destabilisierung der Welt, das heißt: Lesen ist fast immer auch Konflikt, Auseinandersetzung. Und wenn man das einmal weiß, geht es gar nicht mehr ohne – dann, nur dann, ist Lesen wie Atmen. Ich lese, also begreife ich, also bin ich, bzw. kann ich sein.

Aber Vorsicht: «Ich habe die Welt in Büchern kennen gelernt: Dort war sie assimiliert, klassifiziert, etikettiert, durchdacht, immer noch furchterregend; und ich habe die Unordnung meiner Erfahrungen mit Büchern verwechselt mit dem zufälligen Ablauf wirklicher Ereignisse. Hier entsprang jener Idealismus, den ich erst nach dreißig Jahren von mir abtun konnte!» (Jean-Paul Sartre, *Die Wörter*)

Natürlich ist Lesen auch Bildung. Zuerst kommt das Sprechen, dann kommt das Lesen, dann kommt alles Elektronische – ohne Lesen auch kein Internet. Aber die Literatur ist kein Vorzeigestück zum Angeben, was man alles weiß – sie ist eine Methode, um die Welt kennen zu lernen, eine Mischung aus Lust und geistiger Disziplin. «Sie will», sagt der italienische Kritiker Roberto Cotroneo, «mit Demut, aber auch mit Entschlossenheit angepackt werden!» (Roberto Cotroneo, *Wenn ein Kind an einem Sommermorgen ...*)

Gehen wir zurück zu den Anfängen – wie waren die denn? Am Anfang war die *Häschenschule*! Grauenvolle Bilder (von Fritz Koch-Gotha), entsetzliche Verse (von Albert Sixtus), aber die *Häschenschule* begleitete mich durch mein ganzes Leben, das war die Initialzündung. Denn genauso war sie, unsere Jugend in den fünfziger Jahren: «In die Ecke muss er nun. Ei, da kann er Buße tun!» Autoritäre Eltern, mütterlich strenge Ordnung zu Hause, in der Schule hauten einem die Lehrer auf die Pfoten, und im Feld, sprich in der Stadt, lauerten die Gefahren. «Wär ich nicht ein Kindelein, möcht' ich gleich ein Häschen sein!» – so endet dieses Schreckensbuch, und genau das waren wir – arme Häschen, im Fronturlaub gezeugt, unter unwürdigen Kriegsumständen widerwillig geboren, «falls Heinz doch nicht aus Russland zurückkehrt», ungeliebt durch die Wiederaufbaujahre gezerrt als lästiger Klotz am Bein. Es gab nie Stille, Frieden, Ruhe zu Hause, wie auch bei Familie Hase nicht: Da war sie, unsere Welt, eins zu eins.

Die *Häschenschule* war das erste Buch, das ich allein gelesen habe, und es hält – wie viele meiner frühen Kinderbücher – keinerlei literarischen Kriterien stand, was *Pu der Bär, Pinocchio, Alice im Wunderland* ja durchaus tun. Warum haben wir die Häschen und die Puckis, die Nesthäkchen und Trotzköpfchen trotzdem so geliebt? Weil es unsere ersten eigenen Bücher waren, unsere allerersten Erfahrungen mit Geschichten, weil wir aus jeder Geschichte, wie Walter Benjamin es so schön sagt, über und über mit Wörtern beschneit hervorkamen. Mir haben triviale und schlechte Bücher allemal weniger geschadet als eine lieblose und ruppige Umwelt, das so genannte wahre Leben habe ich früh genug kennen gelernt, als dass ein paar verlogene Mädchenbücher da noch hätten Unheil anrichten können.

«Es müsste schlimm zugehen, wenn ein Buch unmoralischer wirken sollte als das Leben selber, das täglich der skandalösen Szenen im Überfluss, wo nicht vor unseren Augen, doch vor unseren Ohren entwickelt. Selbst bei Kindern braucht man wegen der Wirkung eines Buches oder Theaterstücks keineswegs so ängstlich zu sein. Das tägliche Leben ist, wie gesagt, lehrreicher als das wirksamste Buch.» Das sagt immerhin Goethe.

Und somit: Selbst die *Häschenschule* hat uns nicht geschadet. Andere Bücher aber schufen eine Luftblase, in der man überleben konnte. Einerseits sahen es die Eltern gern, wenn das Kind las, es sollte ja mal was Besseres werden und wurde dafür auch durch die höhere Schule geprügelt. Andererseits wurde jede Lektüre begleitet mit Sätzen wie «Du verdirbst dir noch die Augen», «Das ist noch nichts für dich» oder «Draußen scheint die Sonne». Ich habe mir die Augen verdorben, es war noch nichts für mich, und die Sonne schien in meinem Kopf und rettete mich vor Kleinkariertheit, Armut und Enge, vor den Komplexen und Ängsten einer Heranwachsenden. Fand ich mich dumm und häßlich – die Herzogin in *Alice im Wunderland* war dümmer und hässlicher als ich; war ich todunglücklich verliebt: Anna Karenina und Emma Bovary waren allemal unglücklicher als ich; und fühlte ich mich schlecht, weil ich in einem Laden einen Lippenstift geklaut hatte, wusste ich: Raskolnikoff war schlechter, der hatte nur mal eben so gemordet, weil es sich gerade ergab. Kam mir zu Hause alles eng und klein vor und ich sehnte mich nach Schönheit, dann saß ich mit Mick aus *Das Herz ist ein einsamer Jäger* von Carson McCullers unter den Fenstern reicher Leute und hörte Mozart. Und wenn ich gar keinen Sinn mehr im Leben sah, dachte ich an *Niels Lyhne* von Jens Peter Jacobsen, der alles falsch gemacht hatte und wenigstens stehend sterben wollte – eine bedenkenswerte Möglichkeit zum Heldentum noch ganz am Schluss.

«Wenn man einmal den Zauber und den Trost großer Literatur gekostet hat, möchte man immer mehr davon haben – andere lächerliche Geschichten und weise Parabeln, vieldeutige Märchen und seltsame Abenteuer. Und so fängt man an, für sich selbst zu lesen.» (Klaus Mann, *Der Wendepunkt*) Kurzum: Das Lesen hatte und hat nicht nur für mich immer eine lebenerklärende, ja – lebensrettende Funktion. Wie kommen Nichtleser überhaupt lebend über die Runden?

«In den Büchern trat mir das Leben entgegen, das die Schule vor mir verborgen hatte. In den Büchern zeigte sich mir eine andere Realität als die, in die meine Eltern und Lehrer mich pressen wollten. Die Stimmen der Bücher forderten mein Mittun, die Stimmen der Bücher forderten, dass ich mich öffnete und auf mich selbst besann!» (Peter Weiss, a. a. O.)

Lesen ist gefährlich. Es hat eine unterwandernde Wirkung, es trägt uns weg aus dem gewohnten Umfeld, es stellt Lebensumstände in Frage, weckt Sehnsüchte, schürt Aufstand und Widerstand. Nicht umsonst verbieten und verbrennen Diktatoren zuerst die Bücher und sperren die Dichter ein und bringen die Sänger zum Verstummen.

«Es gibt die schöne Geschichte vom Buben auf dem Lande, dem ein Lehrer oder Pfarrer ein Buch gibt und dem sich die Welt der Phantasie eröffnet. Der Bub liest und liest, wird gescheiter und gescheiter, und eines Tages wird er, der arme Bub vom Lande, Lehrer oder Professor oder Pfarrer. Die Geschichte ist als Biographie denkbar, auch meine gleicht ihr im ungefähren, und doch ist sie eine Illusion: Sie verschweigt, weil sie von der glücklich machenden Moral des Aufsteigens ausgeht, den Preis, den dieser Aufstieg kostet. Sie unterschlägt die andere Geschichte, die unter der schö-

nen liegt, die Geschichte der Entfremdung von seiner Umgebung, den Verlust sozialer Wirklichkeit, die Einsamkeit des Aufsteigenden, des Lesenden.» (Peter Turrini, *Biographie des Lesens*)
Das lesende Kind ist immer auch das schwierige Kind. Es kapselt sich ab von der Welt, in der es lebt, und das sieht diese Welt nicht gern. Das Leben wird auf der Folie der Bücher manchmal unerträglich. Man stößt auf Goldadern, die man nicht teilen kann und will. Das Buch stillt eine Sehnsucht, die es zunächst selbst erschafft. Nabokov stellte sich das Paradies vor als einen Ort, an dem ein schlafloser Nachbar beim Licht einer ewigen Kerze in einem endlosen Buch liest. So gesehen: Der Leser lebt im Paradies, in einem Paradies der Phantasie. «Vielleicht wird sich wieder herausstellen, was man früher schon gewußt, dann aber offenbar verdrängt hat: dass Phantasie keine minderwertige Form von Erkenntnis ist, vielmehr gleichen Ranges mit der Vernunft.» (Heinz Piontek, *Das Handwerk des Lesens*)
In jedem (guten!) Buch finden die Zusammenstöße nicht nur zwischen den Figuren, sondern zwischen dem Autor und der Welt statt, und ich darf teilhaben und mir meinen Platz im Getümmel suchen.
Die Literatur ist auch ein Spiel. Wer das nicht weiß, wird so rechthaberisch-bissig wie eben Literatur«päpste» werden. Spiel ist mit Lust verbunden. Wer keine Lust am Lesen hat, soll es eben lassen. Er kann ja trotzdem ein fabelhafter Elektronikspezialist sein, er kann Herzen verpflanzen oder zum Mond fliegen. Ein bisschen doof ist er aber doch – schon, weil er auf Lust verzichtet.
Lesestoff ist auch Ballast – welche Figuren schleppt man nicht mit durch sein Leben! Und doch – ich finde nicht, dass es schadet, die Nibelungen, Hiob und König Ödipus

Wer nicht liest, ist doof | 123

kennen gelernt zu haben, denn wir kommen in Situationen in unserm Leben, wo wir merken: Gott spielt mit gezinkten Karten, er hat schon Hiob an der Nase herumgeführt, und jetzt bin eben ich dran. Es tut nicht so weh, wenn man nicht der Einzige ist, dem eine Menge Scheußlichkeiten widerfahren. Nach jedem Buch ist man ein anderer als zuvor. Auf irgendeiner Postkarte stand mal: «Lesen ist für die Seele, was Gymnastik für den Körper ist.» Es ist wie ein Dialog mit sich selbst: Lesen macht nicht unbedingt glücklicher, aber man lernt sich besser kennen, und irgendwie kann das auch eine Art von Glück sein. Lesen ist auch die Erfahrung von Differenz – ich sehe, dass zu anderen Zeiten Menschen anders gelebt haben oder an anderen Orten unter anderen Umständen anders leben als ich. Und ich kann mich einordnen – wo ist mein Platz in all dem? Zunächst hier, vor dem Buch.
Ich habe vorhin den fatalen Begriff vom «guten» Buch eingeführt und drücke mich darum zu erklären, was denn das ist: das gute Buch. Ich denke, es ist die richtig erzählte Geschichte zur richtigen Zeit, und wenn man sich beim Lesen keinen Moment fragt: Ist das auch gut?, sondern einfach weiterliest – ja, dann ist das gut. Beim guten Buch stellt sich die Frage nach dem guten Buch nicht. So gesehen kann auch eine Trivialgeschichte gut sein – denn wir lesen ja anfangs alles, die Kriterien zur Beurteilung bilden sich erst nach und nach heraus. (Es war Emma Bovarys Verhängnis, dass sie nie über die Schundromane hinauskam!) Ein Buch muss fesseln, alles andere zählt nicht. Fast hat mir die Germanistik damals das Lesen so verleidet, wie manche Kritiker versuchen, es mir zu verleiden – da werden Geschichten zu «Texten», und die Texte werden dekonstruiert, bis ihre Bedeutung verdampft und die Leselust gleich mit.

Wunderbar schrieb Ulrich Greiner im März 1997 in der *Zeit* über heutige Germanistikprofessoren: «Die enttäuschten Achtundsechziger, die bildungsfeindlichen Linken, die verbeamteten Solipsisten (...) brüten auf ihren Planstellen, und das Feuer der Begeisterung für Literatur und ihre Lehre scheint seit langem erloschen.»
Jaja, ich habe auch all das kluge Zeug gelernt – dass der Mensch der Aufklärung durch Literatur erzogen wurde; dass die Literatur der Romantik auf die Nachtseiten, auf das Unkodierte hinweist; dass die realistische Literatur die Komplexität unseres Daseins abbildet; dass die Moderne so modern ist, dass es nichts geben darf, was es woanders schon gegeben hat; dass die Dekonstruktion so lange die inneren Widersprüche eines Textes (!) sucht, bis sich die Lektüre gegen die Struktur des Textes selbst richtet, und spätestens da macht nun alles keinen Spaß mehr. Aber dann greifen wir eben einfach zu Tolstois *Anna Karenina* und lesen den ersten Satz: «Alle glücklichen Familien ähneln einander; jede unglückliche aber ist auf ihre eigene Art unglücklich.» Und vergessen ist die Literaturtheorie. (Ach, man müsste einmal eine Abhandlung über «erste Sätze» schreiben! Es gibt Weltmeister der ersten Sätze, Hunderte von Seiten bleiben wir dabei wegen eines ersten Satzes wie: «Viele Jahre später sollte der Oberst Aureliano Buendiá sich vor dem Erschießungskommando an jenen fernen Nachmittag erinnern, an dem sein Vater ihn mitnahm, um das Eis kennen zu lernen.» (Gabriel García Márquez, *Hundert Jahre Einsamkeit*)
Zum Teufel mit den Literaturtheorien und ihren Langweilern auf Universitäten, Bildschirmen und in Zeitungen. Die Schriftsteller – die guten – scheren sich ohnehin nicht um Theorien, sie erzählen eine Geschichte. Die andern setzen,

Wer nicht liest, ist doof | 125

statt zu erzählen, dann eben eine Theorie um – geschenkt. Wenn ich sage: man muss lesen, dann meine ich ja nicht: man muss jedes Buch lesen. Man muss Bücher mit guten Geschichten lesen, doch die Konzeptdenker scheinen gerade das mitunter verhindern zu wollen.

«Aber wir, die gelesen haben und angeblich die Liebe zum Buch verbreiten wollen, betätigen uns stattdessen allzu oft als Kommentatoren, Interpreten, Analytiker, Kritiker, Biographen, Exegeten von Werken, die durch unser pietätvolles Zeugnis von ihrer Größe stumm geworden sind. In die Festung unserer Sachkenntnis eingeschlossen, wird die Stimme der Bücher von unserer Stimme übertönt. Anstatt den Geist des Textes aus unserem Mund sprechen zu lassen, verlassen wir uns auf unseren eigenen Geist und sprechen über den Text. Wir sind nicht die Geheimboten des Buches, sondern die vereidigten Wächter eines Tempels, dessen Schätze wir mit Worten preisen, die seine Türen verschließen: ‹Man muss lesen! Man muss lesen!›» (Daniel Pennac, *Wie ein Roman*)

Nein. Man muss nicht. Und, auch das sei eingestanden, Schriftsteller können mitunter genau solche Psychopathen sein wie wir selbst, Rosstäuscher, Falschmünzer, beschränkte Deppen, die uns aufs Glatteis führen. Und auch das gibt es: Böse Menschen können gute, gute Menschen todlangweilige Bücher schreiben. Was tut der Leser? Er vertraut auf sein Gefühl. Er pickt sich jeweils heraus, was er braucht. Im Übrigen gilt: Man muss genauso wenig mit jedem Buch Freundschaft schließen wie mit jedem Menschen. Nur: offen für die Möglichkeit sollte man schon bleiben.

Es sind übrigens die Frauen, die sehr viel mehr lesen als

Männer. Wenn ich auf Lesereise gehe oder wenn ich selbst als Zuhörerin Lesungen besuche – immer sitzen sehr viel mehr Frauen im Raum als Männer. Frauen kaufen mehr Bücher. Frauen lesen ihren Kindern vor. Und, darüber hat schon Ruth Klüger sehr interessant geschrieben: Frauen lesen anders. Wir Frauen, sagt sie, lesen irgendwann wie die Männer. Aber nie lernen die Männer, so zu lesen, wie wir Frauen lesen – das heißt: Sie sind an Büchern von Frauen über Frauen nicht interessiert. Wir lesen Hemingway, Kafka, Faulkner, wir lesen Malcolm Lowry und Don DeLillo, aber sie lesen nicht Sylvia Plath und Virginia Woolf, Carson McCullers oder Katherine Mansfield. Vielleicht interessiert es sie einfach nicht, was wir fühlen und denken? Da kann ich zum Ende des Jahrhunderts, des Jahrtausends, nur sagen: schleunigst umdenken. *The times, they are a-changin'*. Man muss keine Feministin sein, um sich zu ärgern über des Deutschen liebste Hymne, Schillers Lied «An die Freude» – Sie erinnern sich: Alle Menschen werden BRÜDER. Brüder? Da heißt es:

«Wem der große Wurf gelungen
eines Freundes Freund zu sein
wer ein holdes Weib errungen
mische seinen Jubel ein.»

Ruth Klüger schreibt dazu: «Ich dachte, zur Not könnte es mir ja in ferner Zukunft gelingen, ein holdes Weib zu werden, wiewohl mir diese Aussicht als nicht eindeutig erstrebenswert erschien. Da ich naturgemäß nie in der Lage sein würde, ein solches, nämlich ein holdes Weib zu erringen, würde ich bestenfalls einen Mann zum Jubeln veranlassen, doch selber mitzujubeln schien mir der Dichter zu versagen, und das in seiner menschheitsumfassenden Versöh-

Wer nicht liest, ist doof | 127

nungshymne. Ein Mensch konnte ich offensichtlich nicht sein, nur eines Menschen Weib. Später lernte ich, eine solche Reaktion auf ein großes Gedicht sei kindisch. Ich musste alt werden, um ihre spontane Richtigkeit zu erkennen.»
So weit Ruth Klüger.
Ich lese gerade ein Buch von Orhan Pamuk, einem türkischen Schriftsteller. Es heißt *Das neue Leben* und beginnt doch tatsächlich mit den Worten: «Eines Tages las ich ein Buch, und mein ganzes Leben veränderte sich.» Und weiter heißt es: «Auf einmal begriff ich, daß mein Leben unvorstellbar reich geworden war. In jenem Augenblick hatte ich keine Furcht davor, beim Betrachten der Umwelt, der Gegenstände, meines Zimmers oder der Straßen nicht das zu sehen, was das Buch beschrieb, mich bewegte nur die Angst, von dem Buch getrennt zu sein. Mit beiden Händen hielt ich es fest und sog, wie nach dem Lesen der Bildergeschichten in meiner Kindheit, den Geruch von Papier und Druckerschwärze ein, der aus den Seiten drang. Es war der gleiche Geruch.»
Sie fragen, ob man im neuen Jahrtausend noch lesen wird? Für eine menschliche, aufregende, begreifbare Welt hoffe ich es: Ja. Lesen führt zur Identifikation, lesend sind wir unser eigener Held und unser Erlöser. Ist also nicht wirklich der, der all das nicht wahrhaben will, nun ja: doof?

Als Vortrag gehalten in Berlin, *Gesellschaft für deutsche Sprache*
bei einem Symposium zur Sprache am 13. 12. 1998
Gekürzt erschienen im *Kursbuch: Das Buch,* September 1998

Wo war Lolitas Freundin?

Zwölf Jahre ist Dolores Haze alt, als ihre verwitwete Mutter einen Untermieter im Haus aufnimmt, einen Herrn Humbert Humbert – selbst laut Autor Vladimir Nabokov «ein besonders übel klingender Name» und, wie wir wissen: ein besonders übler Bursche. Er ist scharf auf die Tochter, heiratet sogar die Mutter, um dem kleinen Biest, genannt Lolita, näher zu sein, und schreckt nicht mal vor dem Gedanken an Mord zurück. Die Dinge lösen sich von selbst: Die Mutter verunglückt, der Untermieter-Stiefvater kann sich jetzt in aller «Sittsamkeit» der angeheirateten und angebeteten Tochter nähern, aber letztlich: Sie ist es, die ihn verführt – nicht umgekehrt, das wird leicht vergessen. Mit zwölf! Oder ist sie da schon dreizehn? Sie kommt gerade aus dem Ferienlager, und auch da hat sie schon nichts anbrennen lassen. Ein frühreifes Gör, diese kleine Nymphe. Da fehlt ein Vater, da fehlt dann auch die Mutter, aber: da fehlt vor allem eine gute Freundin! Hätte Lolita eine wirkliche Freundin gehabt, so wie man sie in diesem Alter zum Kichern und Tratschen über erste sexuelle Erfahrungen und Wunschträume so dringend braucht – die ganze Sache mit Humbert Humbert hätte nicht so ausufern müssen, und ihr weiteres Leben wäre nicht so verkorkst worden – wir hätten allerdings einen Weltbestseller weniger. Denn eine gute Freundin hätte frühzeitig gesagt: «Du spinnst wohl, Lolita, was willst du mit dem alten Knacker?», und die Sache wäre erledigt gewesen.

Wo war Lolitas Freundin? Nabokov hat ihr keine zuge-

standen. Wenn die Dichter Frauen scheitern lassen, dann gründlich, und da kann eine kluge Freundin nur stören. Ob das Gretchen oder Julia ist, ob Anna Karenina, Madame Bovary oder Effi Briest – weit und breit keine Freundin. Dabei wissen wir, wie rettend der Ratschlag guter Freundinnen sein kann! Wie nötig es ist, in Zeiten der Lebenskrisen mit der besten Freundin in der Küche Rotwein zu trinken, mit ihr eine Reise zu machen, schön zu kochen, die Kleider zu tauschen, den Mann, der einem gerade das Herz bricht, unbarmherzig klarsichtig von ihr beschreiben zu lassen: «Wegen diesem Idioten weinst du dir die Augen dick? Guck dir den doch mal an! Was ist dran an ihm? Kannst du mir das sagen? Nein, das kannst du nicht!»
Wie wichtig wäre es für das arme, unerfahrene Gretchen gewesen, eine Freundin zu haben, die gesagt hätte: «Gut, dein Heinrich Faust ist Doktor, hat studiert, schenkt dir tollen Schmuck – aber ich bitte dich, Gretchen, er ist doppelt so alt wie du, also, wenn du mich fragst, will der von dir nur das Eine. Und sein Freund, den er da immer bei sich hat – findest du den nicht ekelhaft?» Wir wissen es: Faust wollte nur das Eine, der Freund war nicht nur ekelhaft, sondern gleich der Leibhaftige selbst, und am Ende: Gretchen tot, Kind tot, Bruder tot, Mutter tot. Frau Marthe, die Kupplerin, hat das Ganze noch geschürt und kann nun wirklich nicht als Freundin bezeichnet werden, und es wäre sehr viel nützlicher gewesen, wenn Gretchen bei der nahenden Ohnmacht in der Kirche «Freundin, dein Fläschchen!» hätte sagen können anstatt dieses unpersönliche «Nachbarin, Euer Fläschchen!». Denn danach war die Sache mit dem dicken Bauch nämlich rumgetratscht und die Schande perfekt.
Oder Julia, auch so ein junges unschuldiges Kind: Verfein-

dete Familien, sie liebt ausgerechnet den, den sie nicht lieben darf, und alles geht schief – eine dusselige Amme, ein naiver Mönch, am Ende ist Romeo tot und Julia auch, und keine Freundin war da, bei der sie sich mal hätte ausheulen können. Shakespeare geizt mächtig mit Freundinnen – Lady Macbeth hat keine, die sie vor zu viel Ehrgeiz warnt, und auch Desdemona hat keine Freundin, die sich mal ihren eifersüchtigen Mann vorgeknöpft und gesagt hätte: «Grundguter Himmel, Othello, stell dich nicht so an, das war doch mein Taschentuch!» Damit wäre die Sache aus der Welt und der Mord an der armen Desdemona überflüssig gewesen. Es scheint, die großen Dichter haben Angst vor Frauenfreundschaften, die ihnen ihre tragischen Geschichten ruinieren könnten.

Schauen wir uns doch nur Effi Briest, Emma Bovary und Anna Karenina an – große Frauenromane, von Männern geschrieben. Die Schicksale ähneln sich: Alle drei heiraten den falschen Mann, langweilen sich, kriegen eine Tochter, langweilen sich immer noch, verlieben sich, steigern sich geradezu wahnwitzig in diese Liebe hinein, und am Ende? Effi wird verstoßen, Emma schluckt Gift, Anna wirft sich vor den Zug. Wo wart ihr, gute Freundinnen? In Fontanes «Effi Briest» gibt es eine Sophie Zwicker, die nach einem Besuch bei der unglücklichen Effi an eine Freundin (sie hat wenigstens eine!) schreibt: «Wer mag nur der Crampas sein? Es ist unglaublich – erst selber Zettel und Briefe schreiben und dann auch noch die des andern aufbewahren! Wozu gibt es Öfen und Kamine?» Ja, völlig richtig – und warum nun hat Fontane die Zwicker nicht als Freundin ein paar Jahre früher rettend mit Effi im Salon sitzen und sagen lassen: «Was ist dieser Crampas? Bezirkskommandant? Pah! Los, du gibst mir jetzt sofort die Briefe von

Wo war Lolitas Freundin? | 131

diesem Kerl, und ich werde alles schleunigst verbrennen, sonst findet die dein Mann bloß noch, und du kriegst einen Riesenärger!» Nein, keine gute Freundin weit und breit in diesem verklemmten Preußen, und was passierte? Effis Mann fand die Briefe, wenn auch erst Jahre später, fühlte sich in seiner Ehre gekränkt – was immer das sein mag – und peng, Crampas tot, Effi verstoßen, Kind entfremdet.
Warum ließ Flaubert seine Emma Bovary so allein auf dem Land vermodern, mehr Opfer einer allzu romantischen Phantasie als wirklich tragische Heldin? Diese ganzen Affären mit Rodolphe und Léon wären nicht nötig gewesen, wenn ab und zu mal eine Freundin gesagt hätte: «Emma, mach dich nicht unglücklich, dein Charles liebt dich, du liest einfach zu viele schlechte Liebesromane! Wach auf, das Leben ist nicht so, wie du es erträumst!» Freundinnen können ja so wunderbar handfest, drastisch und ehrlich sein – und schon wäre Emma gerettet gewesen. Und Anna Karenina – wie kühn sie den Mann, das Kind, ja, die Gesellschaft verlässt, für einen, der es gar nicht wert ist! Ach, arme Anna, ich hätte dir Vronskijs beschränkten Charakter erklären können – der Mann wollte doch nur eine interessante Affäre mit dir, aber dass du deinen Mann für ihn verlassen hast, war ihm genau die Nummer zu viel! Gab es denn in ganz Russland keine Frau, die dir das hätte stecken können? Doch, bestimmt. Aber Tolstoi hat dir extra keine über den Weg geschickt, schließlich wollte er keine Kurzgeschichte schreiben, sondern einen dicken Roman ...
Wo war übrigens die gute Freundin, die Tony Buddenbrook mal eine anständige Portion Bratkartoffeln serviert und sie vor ihren beiden entsetzlichen Ehen mit den Herren Grünlich und Permaneder hätte warnen können?
Oh, ihr Dichter! Ihr seid entweder besonders boshaft oder

gänzlich ahnungslos – entweder wollt ihr diese Frauen wie dumme Hühner ins Verderben rennen lassen und wisst, dass euch eine kluge, beherzte Freundin einen Strich durch eure langen Werke gemacht hätte, oder ihr wisst einfach nicht, was das ist – Frauenfreundschaft, weil ihr denkt, es wäre dasselbe wie Männerfreundschaft. (Puff gehen, Skat spielen, vom Krieg erzählen oder so.) Da schickt ihr Väter, Brüder, Ehemänner vor, die über die Moral der Frauen wachen und bitter Rache üben, wenn etwas nicht ihren Vorstellungen entspricht. Schickt doch nur einmal eine gute Freundin, und die größten Torheiten müssten nicht stattfinden! Aber ich weiß schon, wo keine Torheiten, da keine Romane, wo keine Romane, da kein Weltruhm, und so fällt sie unter den Tisch, die beste Freundin, weil sie ausgesprochen hätte, was all diese schaurigen Frauenleben hätte zum Besseren wenden können: «Effi – (wahlweise Emma, Anna, Gretchen, Julia usw.), hör auf zu heulen, hier, putz dir die Nase, wir gehen jetzt groß aus, nur wir beide, und dann reden wir überhaupt nicht mehr von diesem blöden Crampas (wahlweise Léon, Vronskij, Faust, Romeo usw.), und morgen, das wirst du sehen, sieht die Welt schon wieder ganz anders aus!»
Aber: keine Freundin, kein Morgen, dafür viele fabelhaft zu Tränen rührende Geschichten. Auch gut. Und wir wissen ja: Das Leben ist nicht die Literatur. Das Leben hält immer eine gute Freundin bereit, was für ein Glück.

Veröffentlicht in *Brigitte*, 1999

Eine transatlantische Liebe
Simone de Beauvoir und Nelson Algren

Von Januar bis Mai 1947 ist Simone de Beauvoir zum ersten Mal in den USA. Sie ist 39 Jahre alt. Sie hatte seit ihrer Jugend vom Mythos Amerika geträumt, hatte Faulkner und Hemingway verschlungen, alle Hollywoodfilme angesehen, Blues gehört und sich gewünscht, das Land kennen zu lernen, aus dem diese netten blonden großen GIs kamen, die die Nazis weggejagt hatten und die jetzt als Touristen durch Paris zottelten. Ihr Geliebter Jacques-Laurent Bost war gerade begeistert aus Amerika zurückgekommen, ihre ehemalige Schülerin und Freundin Nathalie Sorokine wollte einen GI heiraten, der Regisseur in Hollywood war, Sartre war als Sonderkorrespondent für den *Combat* und den *Figaro* schon da gewesen – und jetzt also sie. Sie hält Vorträge vor Studenten und erklärt ihnen, was Existentialismus ist, und sie macht das mit so einfachen und klaren Worten, dass der Existentialismus allen als die normalste und moralischste Doktrin der Welt vorkommt. Sie erklärt ihnen, dass der Mensch keine Pflanze und kein Stein ist, sondern ein Lebewesen, das sich nicht träge mit Vorgegebenem abfinden darf. Der Mensch wird nur zum Menschen, wenn er sich weigert, passiv zu bleiben, wenn er die Dinge formt, wenn er die Existenz neu schafft. «Darum schätzen wir die amerikanische Art, einen Menschen nach seinen Taten zu beurteilen», sagt sie und gibt den Amerikanern das Gefühl, Existentialisten zu sein, ohne es zu wissen. Man feiert und liebt sie, und sie ist glücklich. Sie redet natürlich auch über die Rolle der Frau, über das Gewissen der Intellektuellen nach diesem Krieg, und sie, die überzeugte Pariserin, verliebt sich in die Stadt New York. Da trifft sie auch Mary Guggenheim, und die gibt ihr für die Reise nach Chicago eine Adresse: Sie soll den Schriftsteller Nelson Algren anrufen und treffen.

Algren ist zu der Zeit 38 Jahre alt, seine Vorfahren waren zum Judentum konvertierte Skandinavier. Als die Tochter aus gutem Hause, Simone de Beauvoir, auf der anderen Seite des Atlantiks gerade die Lehramtsprüfung bestand, wurde er in Texas wegen Diebstahls einer Schreibmaschine zu Gefängnis verurteilt. Er ist viele Jahre herumvagabundiert, kennt sich in Kneipen, Bordellen, Spielhallen und beim Pferderennen bestens aus, ist bekannt als aggressiver Journalist und hat als Schriftsteller gerade mit *Never Come Morning, Nacht ohne Morgen*, seinen ersten Erfolg gehabt und schreibt an dem Roman, der sein größter Erfolg werden sollte, *The Man with the Golden Arm, Der Mann mit dem goldenen Arm*. Er wohnt im Arbeiterviertel von Chicago in einer winzigen Wohnung ohne Bad und geht jeden Tag zum Verein Christlicher Junger Männer, um eine Stunde zu schwimmen. Er ist 1,85 m groß, blond und hängt das Telefon zweimal ein, als eine Frau mit einem komischen Akzent ihn sprechen will – er denkt, da hat sich jemand verwählt. Schließlich ruft ein Fräulein vom Amt an, bittet ihn, nicht wieder einzuhängen, weil eine Dame ihn sprechen möchte, und verbindet ihn mit Simone de Beauvoir. Sie verabreden sich, treffen sich und verlieben sich, zack, ineinander. Mary Guggenheim, die auch einmal Algrens Geliebte gewesen war, schrieb später darüber:

«Nelson war vollkommen verrückt – ein schrecklich liebenswerter und charmanter Mensch, aber ein absoluter Irrer, ein völliger Einzelgänger. Sie (Simone) kann sich rüh-

men, ihn länger gefesselt zu haben als irgendwer sonst, und – Sie müssen bedenken – so bekannt war die Dame damals in den Staaten noch gar nicht, abgesehen von dem Glanz, der von Sartre auf sie überstrahlte. Wie die beiden sich so schnell – zack – und so heftig verknallen konnten? Ganz einfach: Jeder war in den Augen des anderen etwas ganz und gar Einmaliges, noch nie Dagewesenes.» Und etwas boshaft fügt sie noch hinzu: «Ein Bohemien wie Algren ist oft ein heimlicher Snob. Ich vermute, dass er irgendwie doch von ihr beeindruckt war, und für sie war er – tja, die Virilität in Person. Diejenigen unter uns, die in Paris gelebt und gearbeitet hatten, konnten sich ja denken, dass sie davon bei Sartre nicht allzu viel zu sehen kriegte.»
Sie nennt ihn Krokodil, er nennt sie Frosch, und im Laufe der nächsten Jahre schreiben sich Frosch und Krokodil Hunderte von Briefen, von Paris nach Chicago und von Chicago nach Paris. Natürlich treffen sie sich auch immer wieder, zum ersten Mal gleich im September desselben Jahres 1947. Einmal – 1950 – bricht Algren den Kontakt ab, dann flammt doch wieder etwas auf, 1964 ist endgültig und im Zorn Schluss. Die Briefe, die Simone de Beauvoir an Nelson Algren geschrieben hat, erscheinen im Juli 1999 erstmals auf Deutsch im Rowohlt Verlag unter dem Titel «Eine transatlantische Liebe», es sind rund 900 wunderbare, faszinierende Seiten. Nelson Algrens Briefe an sie existieren auch noch, wurden bisher aber von seinem Agenten nicht zur Veröffentlichung freigegeben, bis auf ein paar noch von Algren autorisierte Auszüge. Algren starb 1981, Beauvoir 1986. Aus diesen Briefen werden Ilse Ritter und Mathias Fuchs nachher Auszüge lesen, und damit Sie besser verstehen, worum es geht, möchte ich den Verlauf dieser Liebesgeschichte jetzt kurz skizzieren.

Am Anfang also steht alles in Flammen, wie immer. Aber, so wissen wir ja, die Liebe ist eine Baustelle, nicht auf Ewigkeit gegründet und, so schreibt Walter van Rossum in seinem hinreißenden Buch über das Paar Sartre/Beauvoir: «In der Liebe kann man sich nicht niederlassen wie in etwas Erworbenem.»

«Leben ist Brückenschlagen über Ströme, die vergehen», schreibt Gottfried Benn. Lieben auch, schreibt van Rossum. Und trotzdem versuchen Beauvoir und Algren – wie wir alle – das Unmögliche.

Nach dieser ersten Begegnung muss die Liebe in Briefen weiterleben. Ich zitiere noch einmal Walter van Rossum: «Sprache gibt es nur, weil es Trennungen gibt. Die Sprache ist die unendliche Bearbeitung der Trennung und die unendliche Wiederherstellung der Trennung. Die gelungene Kommunikation ist die, wo noch nicht alles gesagt ist und wo man alles noch wird sagen können.»

Simone de Beauvoir hatte zahlreiche und sehr umfangreiche Korrespondenzen, ihr ganzes Leben hindurch. Die Chronik dieser transatlantischen Liebe in Briefen nimmt darunter eine einmalige Stellung ein, denn hier korrespondiert sie mit jemandem, der nicht aus ihrer Welt, aus ihrer Clique stammt, und noch dazu nicht in ihrer Sprache, sondern in Englisch. Die Begegnung mit dem Mann aus Chicago zwingt die Frau aus Paris zum Umdenken, erschüttert fest gefügte Gewissheiten, vertraute Realitäten, und beinahe sogar den Pakt mit Sartre – aber nur beinahe. Letztlich sind alle Beziehungen zu Dritten, die Sartre und Beauvoir hatten, an diesem Bündnis gescheitert – auch die Liebe zu Nelson Algren, die gewiss Beauvoirs größte, stürmischste und leidenschaftlichste Liebe war – aber eben nicht die wichtigste Beziehung.

Eine transatlantische Liebe | 137

Nelson Algren zeigt Simone de Beauvoir sein Chicago: Die Obdachlosen und die Spieler, die Nutten, die Bars, die Drogenabhängigen, er zeigt ihr sogar im Gefängnis den elektrischen Stuhl. Sie ist verwirrt und aufgelöst, geht nicht zurück in ihr Hotel, bleibt in seiner kleinen Wohnung. Sie schlafen miteinander – später schreibt sie darüber: «Ursprünglich, weil er mich trösten wollte, dann mit Leidenschaft.» Zur selben Zeit muss sie sich ernstlich Sorgen machen, weil die Affäre zwischen Sartre und der Schauspielerin Dolores Vanetti genauso ernst ist wie ihre eigene mit Algren zu werden droht. Sartre bittet sie sogar, noch nicht nach Paris zu kommen, weil er noch zu sehr mit Dolores beschäftigt ist – sie trifft sich also wieder mit Algren, in Chicago erst, dann in New York, und bei der Abfahrt fließen die Tränen und beginnt die Brieffult, 304 Briefe von ihr an ihn werden es insgesamt. Sie zeigen eine andere Simone de Beauvoir, als wir sie kennen: Verliebt, neckisch, albern, geschwätzig, kindlich, sie will seine Frau sein, sein kleiner Frosch, sie will ganz und gar ihm gehören, und der Name Sartre taucht überhaupt erst im zwölften Brief zum ersten Mal auf, vorher ist von gewissen Schwierigkeiten die Rede, die sie ihm näher erklären wolle beim nächsten Wiedersehen. Sie schreibt in den nächsten Monaten unendlich viel und innig von ihrer Liebe, aber auch, dass sie ihm niemals alles geben könne. Noch schluckt Algren das, liebt sie auch, will sie wiedersehen, fühlt sich trotz der Trennung eng mit ihr verbunden. Sie bezeichnet ihn als ihren Gatten, sich als seine Ehefrau, unterschreibt mit «Ihre, Ihnen gehörende Simone» und erzählt – was in Paris los ist, wer was mit wem hat, woran sie schreibt, was Sartre treibt, wen man trifft, was politisch los ist, was im Theater gespielt wird – sie versucht, über den Ozean hinweg Interesse und Begehren wach zu halten. So werden diese Liebesbriefe auch zu einem sehr lebhaften Dokument, in dem wir viel über die ausgehenden vierziger Jahre erfahren, über die hässliche Schriftstellerin Violette Leduc, die so unglücklich in die Beauvoir verliebt war, und über den radikalen homosexuellen Schriftsteller Jean Genet, über Boris Vian, der Algren übersetzt, über Berlin, das sie hasste, über Chaplin, die Colette und Cocteau, über Arthur Koestler, den Verräter, und über Albert Camus, der Koestler ein blaues Auge haut, und natürlich über die linke intellektuelle Szene in Paris. Sie genießt es dazuzugehören und behält trotzdem ihren kühl beobachtenden Blick. Sie schreibt witzig, zärtlich und leidenschaftlich, sie liebt es, mit ihm über Filme und Bücher zu diskutieren, und sie kokettiert, dass die Liebe sie dumm mache – Oktober 1947:

«Nelson, mein süßer Geliebter, ich hasse es, einen Brief zu beenden, es ist wie ein Abschied, plötzlich fühlt man, dass man nichts von dem gesagt hat, was das Herz so wärmte. Wissen Sie, wenn ich auf der Straße mit Ihnen spreche, wenn ich an Sie denke, benutze ich immer Englisch, auf diese Weise spreche ich sehr viel Englisch, den ganzen Tag über, und all die englischen Worte, die ich zufällig auf der Straße oder in den Cafés höre, klingen süß in meinen Ohren. Sie sehen, wie töricht ich allmählich werde, und ich war einmal eine kluge Frau, zumindest behauptet man das. Sie sehen, wie sehr ich Sie lieben muss, um so töricht zu werden.»

Und an anderer Stelle: «Wirklich, Honey, es ist schlimm. Sie mochten mich zum Teil deshalb, weil ich, als Sie mich trafen, eine vernünftige Frau war. Seitdem ich Sie liebe, bin ich aber unvernünftig geworden, genau so dumm wie die anderen. Liebling, ich liebe Sie in diesen Tagen eben auf die dümmste Weise der Welt.»

Eine transatlantische Liebe | 139

Nun, ganz so unvernünftig, dumm und töricht war sie nun doch nicht, denn in der Zeit schreibt sie immerhin ihr wichtigstes Werk, *Das andere Geschlecht*. Überhaupt arbeitet sie unentwegt, die Liebe scheint sie noch zu beflügeln, und sie schreibt an ihn: «Arbeiten Sie gut, arbeiten Sie für uns. Arbeiten Sie um der guten Arbeit willen und damit ich stolz sein kann. Arbeiten Sie, damit wir im sonnigen New Orleans lustige, ruhige Ferien haben.» Und der Brief schließt dennoch mit dem Satz: «Das Bett sieht sehr kalt und einsam aus.»
Letztlich war ihr das Schreiben, war ihr die Arbeit immer lebensrettend wichtiger als alles andere, und viel später, als alles schon vorbei ist, am 15. Februar 1954, schreibt sie in einer Mischung aus Kummer und Belehrung an ihn: «Mir scheint, es wäre wichtig, wenn die Arbeit für Sie nicht länger eine Fessel wäre, sondern Ihnen Freude machen würde.» Man kann wohl sagen, dass Nelson Algren und Simone de Beauvoir sich über die Arbeit kennen und lieben lernen, über die Arbeit und das Schreiben zusammenkommen und dass genau diese Arbeit – abgesehen natürlich vom Pakt mit Sartre – sie schließlich auch wieder trennt – ihr Hang, alles öffentlich zu machen, entfremdet ihn völlig von ihr.
Aber noch schreibt sie ihm diese langen Liebes- und Erzählbriefe, nur ihm. Sie schreibt viel über sich selbst, über ihre Beziehungen zu Männern, die Bedeutung von Sartre. Es sind private Briefe, nicht für die Öffentlichkeit geschrieben, und doch – man weiß es, glaube ich, bei ihr nie so genau, was auch daran liegen mag, dass alles, was sie sah, erlebte, beobachtete, letztlich Niederschlag in ihren Büchern fand – auch die Affäre mit Algren. Sie beschrieb sie in einem Band ihrer Memoiren, *Der Lauf der Dinge,* und vorher

schon in dem Roman *Die Mandarins von Paris* als Liebesgeschichte zwischen Lewis Brogan und Anne Dubreuilh. Algren war nicht glücklich darüber, obwohl ihm das Buch sogar gewidmet ist. Ich wäre an seiner Stelle auch nicht glücklich gewesen über Sätze wie etwa diese, die die Heldin Anne Dubreuilh alias Beauvoir notiert, nachdem sie in New York von jemandem versetzt wurde und, wie wir heute wissen, Sartre ihr damals telegrafiert hatte, dass er lieber noch mit Dolores allein in Paris wäre. Zitat aus den *Mandarins von Paris*:

«Der Gedanke, mit Brogan zu schlafen, sprach mich nicht einmal so sehr an, im Bett stellte ich mir ihn eher linkisch vor; zudem war ich gar nicht so sicher, daß es mir Spaß machen würde, ihn wiederzusehen; nur einen Nachmittag hatte ich mit ihm verbracht und setzte mich schlimmen Enttäuschungen aus. Mein Plan war zweifellos recht dumm; ich wollte nur irgendetwas unternehmen, mich rühren, um über meine Enttäuschung wegzukommen, auf diese Weise bringt man erst die größten Dummheiten fertig.» (...) Und später: «Es würde zwar keine aufregende Nacht geben, aber ihn würde sie glücklich machen, dessen war ich sicher, und das genügte für mein Glück. Ich legte mich hin, ganz erregt von dem Gedanken, dass da ein Mann darauf wartete, mich an sein Herz zu drücken.»

Viele Jahre später, 1981, sprach ein Journalist Algren in einem Interview auf seine Liebe zu Simone de Beauvoir an, und er wurde sehr wütend: «Sie hat mich in *Die Mandarins* unter dem Namen Lewis beschrieben, in einem Band ihrer Memoiren hat sie aus unserer Liebe ein großes, internationales literarisches Abenteuer gemacht, sie hat meinen Namen genannt, sie hat Auszüge aus Briefen, die ich geschrie-

ben habe, zitiert. Ihr Verleger hat mich um die Erlaubnis gebeten, sie abdrucken zu dürfen, ich habe mit Bedauern okay gesagt, Liebesbriefe sollten in der Privatsphäre verbleiben. Ich habe überall in der Welt Bordelle besucht. Die Frauen machen immer die Tür zu, ob es in Korea oder in Indien ist. Aber diese Frau da hat die Tür weit geöffnet und das Publikum und die Presse herbeigerufen ... Ich hege keinen Groll mehr ihr gegenüber, aber ich finde, dass das eine schreckliche Handlungsweise ist. Ich nehme an, dass das eine europäische Art ist, die Dinge zu betrachten.»
Algren soll sich bei diesem Interview übrigens immer mehr in seine Wut auf die Beauvoir hineingesteigert haben – er war 72 Jahre alt und litt an Herzbeschwerden. Er soll einen Schrank geöffnet und mit den Fäusten auf eine Blechkiste eingeschlagen haben, in der er Beauvoirs Briefe aufbewahrte. Der Journalist versuchte vergeblich, Algren zu beruhigen, und soll sich dann verdrückt haben. Am nächsten Tag fand man Algren tot in seiner Wohnung, Herzinfarkt, und die Legende sagt also, dass die Liebe zu Simone de Beauvoir ihn letztlich umgebracht habe, noch nach dreißig Jahren. Aber so weit sind wir eigentlich noch nicht.

Am 24. April 1948 schreibt Simone de Beauvoir ihren 84. Brief an Nelson Algren, dann fliegt sie wieder zu ihm nach Chicago. Das Treffen wird in gewisser Weise zu einer Enttäuschung – es ist zu kurz, er will sie heiraten, sie kann sich nicht von Paris und Sartre lösen, er kann und will nicht weg aus Chicago, spricht ja nicht einmal Französisch – der Abschied ist – trotz einer gelungenen Reise nach Mexiko – bitter.
Simone de Beauvoir will Algren gleichzeitig behalten und doch freigeben – er soll, wenn er sich zu einsam fühlt, ru-

hig andere Frauen haben, aber er soll nicht aufhören, sie zu lieben, diesen Brief vom 3. Dezember 1948 werden wir nachher hören. Er rührt uns an, wie viele der glühenden Liebesbriefe dieser Frau, die nie an die romantische Liebe geglaubt hat, die alles dem Machen verdankt, und nun erfährt sie plötzlich, dass und wie sehr sie sich hingeben und versinken kann. Sie möchte dieses Gefühl nicht verlieren. Aber, schreibt Walter van Rossum dazu, «Versinkenkönnen ist eine Kunst, die sich zugleich gegen das Untergehen wie gegen das Auftauchen wehren muss». Simone de Beauvoir hält an ihrem transatlantischen Liebestraum fest. Sie plant für die Zukunft, und so trifft Algren Anfang Mai 1949 in Paris ein. Er wohnt bei ihr, lernt alle Freunde und natürlich Sartre kennen, sie machen ausgedehnte Reisen – erst im September fliegt er zurück nach Chicago. Die Briefe bleiben leidenschaftlich, für 1950 wird ein weiteres Treffen geplant, aber irgendetwas hat sich verändert. Algren muss in Paris zum ersten Mal wirklich begriffen haben, wir sehr sie in dieses Leben, auch in das Leben mit Sartre, eingebunden ist. Er hat auch den Trubel mitgekriegt, der beim Erscheinen des ersten Bandes von *Das andere Geschlecht* losbrach, und sicher wäre er in Chicago ziemlich einsam und illusionslos gelandet, wäre ihm nicht bei seiner Ankunft dort mitgeteilt worden, dass er für seinen Roman *Der Mann mit dem goldenen Arm* soeben den Pulitzer-Preis erhalten hat. Jetzt gibt es Wirbel um ihn, Reisen, Lesungen, Interviews, er reist nach Hollywood, das Buch soll verfilmt werden. Seine Briefe werden knapper, kürzer. Als Simone de Beauvoir 1950 trotzdem zu ihm über den Atlantik fliegt, ist gerade der Koreakrieg ausgebrochen. Der kalte und der reale Krieg sind auf einem Höhepunkt, die politische Lage ist mehr als gespannt, die Linken in Paris

Eine transatlantische Liebe | 143

werden so angegriffen, dass sie Angst hat, nicht mehr zurückkehren zu können. Und Nelson Algren empfängt die Beauvoir im gemieteten Häuschen am Michigansee mit Kälte. Der Aufenthalt wird eine Katastrophe, er erklärt ihr, dass seine Liebe zu ihr erloschen sei, in Los Angeles habe er seine erste Frau wieder getroffen und wolle sie zum zweiten Mal heiraten. Gleichzeitig geht in Paris Sartres Beziehung mit Dolores in die Brüche, und so schreiben sich Sartre und Beauvoir über den Atlantik hinweg groteske Trostbriefe über das Erlöschen ihrer leidenschaftlichen Romanzen. «Und Sie, Kleiner», schreibt die Beauvoir an Sartre, «denken Sie, dass diese traurigen Tage, die Sie erleben, weder absurd noch beliebig sind, sondern notwendig für unser Leben. Sie werden sehen, welch schönes Leben wir in Zukunft haben werden, sobald wir es wiedergefunden haben», und es rührt unendlich zu lesen, mit welcher Verzweiflung und mit welch unerschütterlichem Mut sie Sartre über den Atlantik hinweg zuruft: «Wir werden ein glückliches Alter haben!» Denn, davon ist sie überzeugt, Algren war ihre letzte Liebe, jetzt kommen nur noch Alter, Siechtum und Tod.

Wir wissen, dass sie sich irrte, dass das Alter sie keineswegs von den Wirrnissen der Leidenschaft befreit hat und dass eine Frau wie Simone de Beauvoir nie alt genug für das Alter war – schon kurze Zeit später sollte sie den 17 Jahre jüngeren Claude Lanzmann kennen lernen, mit ihm zum ersten Mal sogar eine Wohnung teilen und in *Der Lauf der Dinge* darüber schreiben: «Die Gegenwart Lanzmanns ließ mich mein Alter vergessen.» Und dann kam Anfang der sechziger Jahre noch die um 30 Jahre jüngere Philosophiestudentin Sylvie Le Bon, über die Beauvoir schreibt: «Es besteht zwischen uns ein so natürlicher Austausch, dass ich

mein Alter vergesse: Sie zieht mich in die Zukunft mit hinein, und für Augenblicke erhält die Gegenwart jene Dimension wieder, die sie verloren hatte.» In diesem wie in andern Fällen hat Simone de Beauvoir eine lesbische Beziehung verleugnet. Walter van Rossum schreibt aber in seinem gründlichen Buch, dass durchaus vieles auf eine intensive, auch erotische Beziehung zwischen diesen beiden Frauen hinweist. Und er schreibt: «Das Glück und das Romantische bewähren sich erst im Neuen und durch das Neue. Und so wird es weitere Momente der Verunsicherung geben. Warum auch nicht? Wer sich derart den Dynamiken der Zeitgeschichte, den Abenteuern eines unversicherten Denkens und Fühlens aussetzt wie Sartre und Simone de Beauvoir, muss dauernd um Fassung ringen.»
Um diese Fassung ringt sie nach dem Ende von Algrens Liebe 1950 sehr. Ihre Briefe sind traurig, sie spricht von ihren ausgetrockneten Augen, sie schreibt: «Mein Herz und mein Fleisch sind inzwischen vermutlich für immer versteinert. Ich träume fast jede Nacht von Ihnen, immer sind es Albträume (...) immer habe ich das Gefühl eines endlosen unschätzbaren Verlusts, das in Verzweiflung und Angst mündet; wenn ich aufwache, weiß ich plötzlich, um welchen Verlust es sich handelt», und sie schließt wehmütig: «Ich erinnere mich daran, dass Sie mich liebten.» Weil sie ihn dennoch wiedersehen will, schreibt sie: «Ich werde dieses Jahr ein sehr diskreter Gast sein, ich verspreche es, ich werde nicht mehr als zweimal am Tag weinen, nicht mehr als zweimal die Woche schreien, nicht mehr als einmal im Monat beißen» – und wir ahnen, was da im Sommer 1950 abgelaufen sein muss. Die Briefe werden spürbar spärlicher, nun auch die ihren, sie ist von einer dürren Traurigkeit, erzählt tapfer weiter alles, was sie erlebt, aber

da ist kein Frosch und kein Krokodil mehr, und dann kommt doch wieder ein Treffen – 1951 September/Oktober. Sie verbringen einen ruhigen, guten Monat zusammen, er will zwar seine erste Frau wieder heiraten, gesteht Simone aber doch beim Abschied plötzlich wieder seine Liebe – neue Verwirrung, neue Tränen, neue Liebesbriefe. Aber auch schroffe Briefe kommen von ihm, in denen sich der endgültige Bruch ankündigt – sie habe ihn zu lange «gefesselt», schreibt er, jetzt wolle er endlich sein eigenes Leben zurückhaben. Im Dezember 1951 rechnet sie auch zum ersten Mal auf und schreibt:

«Es ist ziemlich kalt und regnerisch hier. In meinem Innern ist es auch ziemlich kalt. Sie haben betont, dass meine Liebe Sie um verschiedene Dinge gebracht hat: hauptsächlich um andere Liebesaffären. Aber ich habe meinerseits nicht viel gewonnen, wissen Sie! Obwohl ich nie darüber sprechen wollte, kann ich Ihnen sagen, daß diese Geschichte meiner Beziehung zu Sartre nicht gut getan hat. Sobald ich Sie kennen gelernt habe, habe ich meine gefühlvolle sexuelle Beziehung zu Bost abgebrochen, die leicht und angenehm war, und natürlich hatte ich in diesen Jahren keinen Blick für irgendeinen Mann und möchte keinen Blick für irgendeinen mehr haben. Mein Liebesleben ist also für immer abgeschlossen.»

Wir wissen, dass sie sich irrt, und doch hat sie auf ihre Weise die Wahrheit gesagt. In einem Interview, das Alice Schwarzer mit Simone de Beauvoir an deren 70. Geburtstag geführt hat, stellt Schwarzer die Frage nach Sexualität im Alter und fragt, ob Beauvoir sich diesem Tabu gebeugt hat. Die Antwort ist:

«Gebeugt habe ich mich in dieser Frage schon immer meinem Kopf, der bei mir stärker ist als der Körper. Sobald das

Ausleben der sexuellen Beziehung nicht möglich war, hatte ich auch kein sexuelles Verlangen. Eigentlich hatte ich immer nur die Bedürfnisse, die auch realisierbar und an eine bestimmte Person gebunden waren. (...) Es gab für mich Sexualität immer nur in Verbindung mit leidenschaftlicher Liebe. War ich also bereit, eine Liebesbeziehung einzugehen, hatte ich auch sexuelle Empfindungen. War ich nicht verfügbar, hatte ich auch keine Sexualität.»

Nun, nach ihrem Bekenntnis an Algren, dass ihr Liebesleben für immer abgeschlossen sei, schreibt sie ihm schon im August 1952 von einem jungen Mann, mit dem sie eine Beziehung hat. Zitat: «... und es kommt mir seltsam vor, denn ich hatte endgültig und aufrichtig akzeptiert, jetzt das Leben einer alten Frau ohne Liebe zu führen.»

Sie macht den Fehler, den wir alle machen: Mit der neuen Liebe fährt sie an Orte, an denen sie einst mit der alten Liebe glücklich war, und natürlich geht das schief – es ist fast tröstlich, auch eine so gescheite Frau wie Simone de Beauvoir in dieselben Fallen tappen und scheitern zu sehen. Sie beschreibt Algren auch das, traurig darüber, dass sich, wenn schon die Liebe sowieso nicht, nicht einmal die Freundschaft transatlantisch und nur in Briefen aufrechterhalten lässt. Wenige Briefe 1955, 1956, noch weniger 1957, 1958, 1959. Dann kommt Algren 1960 noch einmal nach Frankreich. Seine Ehe ist in die Brüche gegangen, er wohnt bei Simone de Beauvoir, fliegt im September zurück, sie werden sich nie wiedersehen. Er hat sich verändert, redet schroff und wenig schmeichelhaft über die Beauvoir und sagt: «Sie romantisiert die Affäre wie eine alte Jungfer, es ist eine Fälschung, aus alldem eine Héloise-Abélard-Geschichte zu machen. Sie ist nicht Héloise, und ich bin nicht Abélard – hoffentlich nicht. Sie schreibt wie in einem Drei-

Eine transatlantische Liebe | **147**

groschenroman, Madame Quatsch-Quatsch – und sie ist völlig humorlos.»
Wir haben in den 900 Seiten ihrer Briefe an ihn gesehen, dass das nicht stimmt. Umso trauriger, dass wir seine Briefe nicht lesen dürfen. Aber wir können uns auch denken, wie sehr Algrens amerikanische Macho-Männlichkeit, seine Eitelkeit dadurch verletzt war, dass diese leidenschaftlich in ihn verliebte Frau letztlich dem intellektuellen Sartre gegenüber loyal blieb und ihre Erfahrungen lieber unter Kontrolle behielt, statt sich gänzlich von ihnen überrollen zu lassen. Für ihn, den amerikanischen Mann, waren dagegen Erfahrungen voller Leidenschaft das Maß aller Dinge. Das konnte nicht gut gehen und geht es noch immer nicht, was wir an der Weigerung des Agenten sehen, die Briefe freizugeben. Sie würden uns, da bin ich sicher, einen anderen Algren zeigen als den der zornigen Interviews späterer Jahre. Und nicht nur er hat ja auf Simone de Beauvoir eingedroschen. Ich zitiere aus der Rowohlt Monographie über Simone de Beauvoir von Christiane Zehl Romero: «Die Kritik hat Simone de Beauvoir diese Ausführlichkeit (es geht um ihre Memoiren) natürlich vorgeworfen, man hat sie auch der Neigung zur Trivialität, zum Tratsch, zur Lehrhaftigkeit bezichtigt, ihr Rechthaberei, Intoleranz, Verfälschungen, Humorlosigkeit angekreidet. Für alle diese Punkte kann man in den Tausenden von Seiten, die die Erinnerungen umfassen, Belege finden. Trotzdem sind die Memoiren, vor allem die ersten drei Bände, ein bedeutendes Dokument und eine faszinierende Lektüre. Eine Frau hat hier den Mut und die Energie, sich und ihr Verhältnis zur Welt wichtiger als alles andere zu nehmen und als Frau darauf zu bestehen, nicht nur Gefühle, sondern auch Meinungen und Urteile zu haben.»

Und ganz zum Schluss noch einmal aus Walter van Rossums Buch über das Paar Sartre/Beauvoir, das ich Ihnen allen ans Herz legen möchte, weil es ein großartiges Bild dieser großartigen Frau zeichnet und das Beste ist, was man über das Paar Sartre/Beauvoir lesen kann:

«Ihr fünfbändiges Memoirenunternehmen, die Geschichte ihres Lebens von der Kindheit bis zu Sartres Tod im Jahre 1980, diente der Ermutigung – nicht nur der Frauen –, neue Wege zu suchen. Sie hat ihr Leben als ein dichtes, glückliches Abenteuer verstanden. Manches hat sie verschwiegen, niemals aber die Abgründe, die Ängste und auch nicht die Phasen des Unglücks. Es gibt wahrscheinlich kein selbstkritischeres Werk über den Kampf und das Glück einer Intellektuellen in diesem Jahrhundert. Ohne jede kokette Geste und mit verblüffender Präzision analysiert sie die Irrtümer, Dummheiten und Durststrecken ihres (und teilweise Sartres) Lebens. Kein Zweifel, Simone de Beauvoir hat sich in dieses unordentliche Ereignis, das Leben, gestürzt, sie hat es geliebt und dabei auf alle Illusionen des Heils verzichtet. Der Kampf der Frauen führte für Simone de Beauvoir nie und nimmer in das Paradies der Weiblichkeit, sondern nur auf die Baustelle der Moderne.»

Ich danke Ihnen.

Rede, gehalten auf der so genannten *Hammoniale*,
einem Simone-de-Beauvoir-Symposium in Hamburg,
am 26. Juni 1999

Hugh Lofting: Dr. Dolittle und seine Tiere

Ich glaube, dass Dr. Dolittle meine erste Liebe war. Ich war sieben oder acht Jahre alt, als ich ihn kennen lernte, und in diesem Alter spielt es noch keine Rolle, ob der Angeschwärmte groß und schön ist oder im Gegenteil klein und dick und noch dazu immer in Anzug und Zylinder. Ich hätte jedenfalls alles dafür gegeben, nicht länger in einem tierlosen Haushalt im zerstörten Essen der Nachkriegszeit zu leben, sondern in John Dolittles Haushalt in Puddleby mit ihm und den vielen Tieren, selbst das Krokodil hätte ich tapfer ertragen.

Dr. Dolittle bestätigte mir etwas, was ich immer schon geahnt hatte, bis dahin aber nicht beweisen konnte: Erstens, dass Tiere eine Sprache haben, die man sehr wohl verstehen kann, wenn man sich Mühe gibt, und zweitens, dass es trotz gegenteiliger Ansicht meiner Mutter durchaus möglich ist, gleichzeitig zu essen und zu reden. Um zweitens sofort zu beweisen, sei auf das Stoßmich-Ziehdich hingewiesen, dieses wunderbare Tier mit zwei Köpfen, das der Doktor aus Afrika mitbrachte und das vorne essen und hinten reden konnte oder umgekehrt. Und die Tiersprache – die erlernte Dr. Dolittle, nachdem er es einfach leid war, noch länger Menschenarzt zu sein. Die Menschen gingen ihm auf die Nerven, mit den Tieren verstand er sich besser, lernte ihre Sprache und wurde Tierdoktor. Tiere führten ihm den Haushalt – «Sonst noch was», sagte meine Mutter, wenn ich mir auch eine Ente als Haushälterin wünschte.

Bei Dr. Dolittle lernte ich auch, dass ALLES im Leben

eben doch nicht ALLES ist, man kann ALLES haben und dennoch unglücklich sein, denn Glück, das ist etwas anderes als Reichtum, Geld und Erfolg. Mit dem Geld hatte es John Dolittle schon überhaupt nicht – es fehlte ihm dauernd, an allen Ecken und Enden, aber er konnte es auch nicht leiden: «Geld ist lästig», sagte er immer wieder. «Es würde uns allen viel besser gehen, wenn man es nie erfunden hätte. Was schert uns Geld, solange wir glücklich sind!»

Und Glück, das war für Dr. Dolittle das Zusammenleben mit Tieren. Welches Kind wünscht sich dieses Glück nicht? Die Einheit von Mensch und Natur ist zerstört, durch die Schöpfung geht ein brutaler Riss, und die Kinder sind noch am ehesten das Bindeglied zum verlorenen Paradies. Jacob Grimm schreibt in seinem Aufsatz über das «Wesen der Tierfabel»: «Bedeutsam drückt die Formel ‹als noch die Tiere sprachen›, mit welcher wir das Dunkel einer geschwundenen Urzeit bezeichnen, den Untergang jenes im Glauben der Poesie vorhandnen engeren Verkehrs mit den Tieren aus (…). Wie durch ein Missgeschick sind die Tiere nachher verstummt oder halten vor den Menschen, deren Schuld gleichsam dabei wirkte, ihre Sprache zurück.»

Kinder reden nicht nur unerschrocken mit ihrem Teddybär und bekommen durchaus Antwort, sie reden mit Hunden, Katzen, Vögeln, und genau das kann Dr. Dolittle, dieser heilige Franziskus aus Puddleby statt aus Assisi, auch. Er ist von einer warmen, tiefen Menschlichkeit, dieser kleine dicke Mann, und seine Botschaft von Liebe, Bescheidenheit, Mitgefühl und Phantasie ist damals bei uns Kindern angekommen. Die meisten meiner Kinderbücher sind bei vielen Umzügen und Lebensveränderungen auf der Strecke geblieben. Dr. Dolittle hat mich immer begleitet, und wenn mein Kater Nero mit leuchtenden Augen aus dem Garten nach Hause kommt, verstehe ich genau, was er mir sagt. Der Doktor hat es mich ja gelehrt. Dafür bin ich ihm lebenslang dankbar.

Hugh Lofting, der Schöpfer der bezaubernden zwölf Dr.-Dolittle-Bände, wurde 1886 in Maidenhead in England geboren und starb 1947 in Santa Monica in Kalifornien. Auf einer englischen Jesuitenschule wurde er erzogen und studierte in England und den USA, wo er sich ab 1912 auch niederließ, heiratete, Kinder bekam und vorwiegend als freier Schriftsteller arbeitete. Im ersten Weltkrieg war er als britischer Soldat in Flandern, und er hatte seinen Kindern versprochen, ihnen aus dem Krieg Briefe zu schicken und ihnen seine Erlebnisse zu erzählen. Aber dieser Krieg war von so unvorstellbarer Grausamkeit, dass es da für Kinder nichts zu erzählen gab. Während die Menschen sich in blutigen Stellungskriegen zermürbten, fiel Lofting das Elend der Tiere – vor allem der Pferde – zwischen den Fronten auf. Sie wurden beschossen, verletzt, verwundet wie die Menschen, aber zu ihnen kam nie ein Arzt und half. Und so erfand Hugh Lofting in seinem Schützengraben diesen barmherzigen kleinen Dr. Dolittle, den das Elend der Tiere anrührt und der versucht, ihnen zu helfen. Nach dem Krieg machte Lofting aus diesen Briefen ein erstes Dolittle-Buch, und es wurde fast sofort nach seinem Erscheinen 1920 ein Welterfolg. Die Zeichnungen sind vom Autor selbst, und da sehen wir, dass der knollennasige Doktor, der auch im Urwald den Zylinder aufbehält, alles andere als schön ist, aber, sagt ja Dolittle selbst immer: «Schön ist, wer schön handelt.» Basta.

Tiere haben in der Kinder- und Jugendliteratur immer eine zentrale Rolle gespielt – ob im Märchen oder in der Fabel, in der phantastischen Erzählung, im Bilderbuch, in der Abenteuergeschichte. Dabei werden die Tiere realistisch gezeigt oder vermenschlicht, gelten sozusagen als Chiffre für den Menschen – in der unsäglichen und doch so geliebten «Häschenschule» etwa leben Hasenkinder genauso wie richtige Kinder, müssen in die Schule und kriegen etwas auf die Ohren, wenn sie nicht brav sind. Bei Dr. Dolittle ist die Ente schon eine Ente, das Schwein ein Schwein, der Affe ein Affe, aber alle haben ihre eigene Sprache, und wer verstünde nicht, dass der Ackergaul eine grüne Brille tragen möchte, damit ihn die Morgensonne bei der Feldarbeit nicht mehr so blendet! Der Löwe, König der Tiere, spielt sich entsprechend arrogant auf und muss sich dafür vom Doktor gehörig die Meinung sagen lassen – und von Frau Löwe auch, die ihn anfaucht: «Du hast nie einen Funken Verstand gehabt!» Damit wird der Löwe dann doch sehr menschlich, aber wir können uns den Löwen-Ehekrach tatsächlich vorstellen, und am Ende gibt der Wüstenkönig ja auch klein bei und wird wenigstens vor Dr. Dolittle zur braven Hauskatze. Selbst Haie sind dem Tierdoktor gegenüber freundlich, und da schaudert uns dann schon ein wenig, aber wir wollen einfach an die Macht der Liebe glauben. Dolittle verkörpert diese Liebe, allen und allem gegenüber, nichts macht ihn zornig, nichts bringt ihn aus der Ruhe, und geht es im Leben mal gar nicht weiter, dann philosophiert er: «Man soll den Fuß erst dann zum Klettern heben, wenn man am Zaun ist.»

In den sechziger Jahren wurde Lofting plötzlich ein gewisser Rassismus oder doch zumindest kolonialistisches Denken unterstellt – immerhin nannte er Schwarze *darkies*, und sein weißer Doktor war nun einmal cleverer als der schwarze König von Jolliginki und seine Gattin Ermintrude, die in zu engen Schuhen tanzte. Man muss *political correctness* schon sehr ernst nehmen, um ausgerechnet Hugh Lofting rassistischer Tendenzen zu verdächtigen – schon 1923/24 schrieb er in der Zeitschrift *Nation* einen engagierten Artikel über Jugendliteratur und ihre Verpflichtung, mit dem Gedanken der Gleichwertigkeit aller Völker und Rassen zum Frieden und zur Völkerverständigung beizutragen. Diesen Gedanken und einem tief empfundenen Pazifismus ist das gesamte Werk Loftings verpflichtet, hier mag eine heutige Übersetzung ein wenig glättend wirken, was die Wortwahl betrifft, aber gewiss nichts verschleiern, weil es einfach nichts verschämt zu verschleiern gibt. Im Gegenteil: Als der Doktor, um die Affen von einer grassierenden Seuche zu heilen, mit Arzttasche und Zylinder in Afrika eintrifft und sofort vom schwarzen König des Landes Jolliginki verhaftet wird, geschieht das aus folgendem Grund: «Du darfst nicht durch mein Land reisen», sagte der König. «Vor vielen Jahren ist einmal ein weißer Mann an diese Küste gekommen, und ich war sehr freundlich zu ihm. Aber nachdem er Löcher in die Erde gegraben hatte, um das Gold herauszuholen, und alle Elefanten wegen ihrer Stoßzähne aus Elfenbein getötet hatte, ist er heimlich mit seinem Schiff weggefahren – ohne auch nur danke schön zu sagen. Nie wieder soll ein weißer Mann durch das Königreich Jolliginki reisen.» Deutlicher kann man Kindern wohl kaum zeigen, wer hier der Bösewicht ist – und dass die seltsam skurrilen Zeichnungen Loftings den König und seine Gattin Ermintrude halb nackt mit Krönchen unterm Sonnenschirm abbilden, ist genauso augenzwinkernd komisch gemeint wie ein englischer Doktor im Urwald mit Gehrock und Zylinder. Später im Buch begegnen wir noch dem schwarzen Prinzen Bumpo, der unbedingt weiß werden will, und warum? Weil er Dornröschen wach geküsst hat, und die dumme Gans hat erschrocken aufgeschrien, als sie sein schwarzes Gesicht sah. Rassistisch? Ja, vielleicht allenfalls dem dämlichen Dornröschen gegenüber, aber als der Doktor eine Salbe anrührt, die sich Prinz Bumpo aufs Gesicht schmiert und von der er tatsächlich hellhäutig wird, sagt Dolittle betrübt: «Ich finde, früher hat er besser ausgesehen.»

Eine komisch-kindliche Darstellung von Schwarz und Weiß kann ich nicht als rassendiskriminierend empfinden. Dolittle ist der weise Übervater, der alles besser weiß – aber das ist nicht nur den Schwarzen gegenüber so, das ist auch in seiner Heimat Puddleby so und hat mit Kolonisationsdenken wahrhaftig nichts zu tun. Es zeugt von einer fast schon hysterischen Überkorrektheit gewisser Kritiker, auf diesem Punkt herumzureiten, dafür wird die wundervolle Poesie der Dolittle-Geschichten, die für Kinder so unendlich wichtig ist, einfach außer Acht gelassen. Als Jip, der Hund, zum Beispiel versucht, in allen vier Himmelsrichtungen zu erschnüffeln, wo der geliebte Onkel des kleinen Jungen geblieben ist, den sie aus dem Piratenschiff befreit haben, da riecht er «alte gelbe Ziegel in einer Gartenmauer, vom Alter schon ganz brüchig; den süßen Atem junger Kühe, die in einem Gebirgsbach stehen; das Bleidach auf einem Taubenschlag – oder vielleicht einem Kornspeicher – in der Mittagssonne; schwarze Glacéhandschuhe in einer Schreibtischschublade aus Nussbaum; eine staubige Straße mit einer Pferdetränke unter Platanen; kleine Pilze, die aus morschem Laub ragen ...» Und den Schnupftabak des gesuchten Onkels riecht er schließlich natürlich auch. Passagen von einer so phantasievollen Schönheit stellen das

Buch in die Reihe der großen Kinderklassiker wie *Pinocchio*, *Alice im Wunderland*, *Pu der Bär*. Darum können wir es nur begrüßen, dass nun endlich siebzig Jahre nach der deutschen Erstausgabe eine überarbeitete, frische, eng am Original orientierte Neuübersetzung vorliegt.

Die Dr.-Dolittle-Bücher des Ingenieurs, Journalisten, Autors Hugh Lofting sind Klassiker. Sie werden ihren Charme nie verlieren, und sie geben der kindlichen Phantasie das Futter, das die Seele braucht, um die Flügel auszubreiten.

Veröffentlicht in *Dr. Dolittle und seine Tiere*
Nachwort
Cecilie Dressler Verlag Hamburg, Neuausgabe 2000

Meine Pinguine

Genau an dem Tag, als ich nach Neuseeland zu den Pinguinen flog, sah ich direkt bei mir um die Ecke auf dem Weg zum Taxi ein Graffito auf einer weißen Hauswand: **Pinguin Power**. Damals hielt ich das für einen guten, kernigen Reiseruf. Heute möchte ich dem Schreiber zuraunen: Power? Fordere das nicht, mein Freund. Sie haben keine Power. Sie sind unendlich zart, klein, rührend.
Damals dachte ich noch, ich bräche auf zu imposanten Kolonien stolzer Frackträger, würde durch die Menge schreiten, hier und da einen Kopf kraulen, eine Flosse? einen Flügel? gar ein Händchen? schütteln und sagen: «Hallo, ich bin es, Elke aus Köln, ich habe in einem wirklich bemerkenswerten Buch erschöpfend erklärt, warum ihr Fräcke tragt, und nun bin ich hier.» Und ich hatte gedacht, sie würden dann vielleicht nicken oder mit den großen Füßen scharren, die Köpfe schief legen und möglicherweise freundlich «Honk!» sagen.
Nichts von alledem.
Man hat immer Bilder im Kopf, wenn etwas beginnt, und immer kommt es anders. Und wenn das, was kommt, überraschender und aufregender ist als alles, was man sich je hätte ausmalen können, dann nennt man das wohl eine gelungene, eine glückliche Reise.
Es war die schönste Reise meines Lebens. Sie hat mich wieder sehen gelehrt, sie hat ein paar Türen wieder geöffnet, die ich schon verschlossen hatte, Sehnsuchtstüren, und sie hat mir, die ich das Reisen eher fürchte, wieder gezeigt, wie

man reist. Nein, eben nicht als Tourist mit Anspruch auf Liegestuhl und Pool – ein großer Teil des Tourismus ist längst zum postkolonialen Raubzug verkommen. Der wirkliche Reisende fährt mit leichtem Gepäck und einer Idee. Er sucht etwas. Und während er sucht und findet, erfindet er, und daraus entstehen Geschichten, und nur das ist es, was mich am Reisen interessiert: neue Geschichten. Unsere Idee – die von Tom Krausz, dem Bildersucher und mir, der Geschichtensucherin – waren die Pinguine. Und eine Idee verhindert feste Planung, eine Idee blitzt mal hier auf und mal da, ändert Routen und Unterkünfte, wirft Pläne über den Haufen und raunt uns zu: Hier geht's lang!
Wir sind unserer Idee gefolgt, der Idee, dieses seltsame kleine Tier zu treffen, das in Fabeln und Märchen nicht vorkommt – dafür ist es noch zu jung, das heißt, es wurde von den Welteroberern erst im 16. Jahrhundert entdeckt. Aber in Wirklichkeit ist es älter als beinahe alles, 60 oder 70 Millionen Jahre ist es schon her, seit der Vogel Pinguin beschlossen hat, seine Flügel zu Paddeln umzubauen, weil im Wasser mehr Nahrung zu finden ist als in der Luft. Als hätte die Natur ihn, der so gut tauchen kann und so gern Fisch frisst, fehlkonstruiert, und er musste es, geduldig, über Jahrmillionen korrigieren bis zur heutigen Perfektion. Perfektion?
Ich weiß nicht. Es ist weniger, und es ist mehr. Er ist ein Vogel, er hat Federn und eindeutig ein Vogelgesicht und einen scharfen Schnabel, er legt Eier, er brütet, er erleidet eine seltsame Mauser mit struppigem Gefiederwechsel. Aber er kann nicht fliegen. Er kann kilometerweit aufs offene Meer hinausschwimmen und bis zu 500 Meter tief tauchen, aber er ist kein Fisch. Und abends spuckt ihn das Meer aus, vor unsere Füße, eine kleine schwarz-weiße Rolle, und die Rolle richtet sich auf, schüttelt sich kurz, steht da wie ein Herr

von der Versicherung, der nach einem anstrengenden Tag im Fischgeschäft aufrecht über den Strand nach Hause geht. Es irritiert, dass er keine Aktenmappe trägt. Man möchte ihm die Hand schütteln, aber da ist keine Hand – ich habe in solchen Augenblicken *mich* als fehlkonstruiert empfunden und nicht dieses erstaunliche, geschäftige kleine Mehrzweckgeschöpf.

Neuseeland – man sagt so leicht dahin: das Ende der Welt. Wenn doch aber die Welt eine Kugel ist, hat denn eine Kugel Anfang und Ende? Wenn schon diese Kategorien, dann war es nach 32 Stunden Reise eher ein Ankommen am Anfang der Welt, da, wo noch letzte Reste vom Paradies sind, so, wie die Welt einmal gewesen sein muss, ehe wir eingriffen und alles besser wussten, und was daraus wurde, sehen wir ja.

Mein Pinguinbuch handelt vom Opernschiff aus Wien, das einmal im Jahr am Südpol anlegt, denn «weltweit ist stets geheim geblieben, dass Pinguine Opern lieben», und dann ist man schon mal für den Anlass anständig gekleidet. Meine erste wirkliche Begegnung mit Pinguinen fand statt in Oamaru an der Westküste Südneuseelands. Eine kleine Stadt, zu Wohlstand gekommen durch schönen weißen Kalkstein und durch eine Kolonie der kleinen blauen Pinguine von Oamaru. Am Stadteingang ist dem unbekannten Pinguin ein großes Denkmal aus jenem weißen Kalkstein gesetzt, und nur hundert Meter weiter hat diese Stadt mit ihren nur 14 000 Einwohnern ein prächtiges, klassizistisches, schneeweißes Opernhaus, das nur einmal im Jahr bespielt wird ... Wer sagt, die Dichter hätten zu viel Phantasie? Es ist immer die Wirklichkeit, die hinter der Phantasie herhinkt und versucht, sie einzuholen. In Oamaru ist es ihr geglückt.

Die *Little Blue Penguins* hausen am Strand, oberhalb einer mäßig steilen Felsküste. In den Nistlöchern warten ihre puscheligen Jungen, bis die Eltern nach Sonnenuntergang vollgefressen aus dem Meer kommen und Futter abgeben. Das kann man unter Aufsicht von Naturschützern auf einer eigens eingerichteten Tribüne gegen Eintrittsgeld beobachten, und das wollen wir natürlich tun. Es ist mein Geburtstag. Alles stimmt, ich bin glücklich, und mein Herz klopft. Und dann werden wir Zeugen einer so tief deprimierenden Veranstaltung, dass dies der einzige Abend werden soll, an dem wir nicht bei einer Flasche Wein sitzen und uns darüber freuen, diese Reise machen zu dürfen. Wir schleichen erschrocken, beschämt, traurig in unsere Pension mit Rosenkissen und Blumendeckchen, und schon um halb elf liege ich in meinem schmalen Bett und versuche zu vergessen, was ich da gesehen habe.
Eine überdachte Tribüne. Etwa einhundert Touristen. Kleine Kinder, Unruhe, Fotoapparate. Flutlicht. Ein «Naturschützer» mit Mikrophon und Lautsprecher, der uns instruiert: Ruhe, kein Blitzlicht, gleich kommen sie, ihr Maori-Name ist Karora, sie werden höchstens vierzig Zentimeter groß, wiegen nur ein Kilo, werden sieben bis zwölf Jahre alt. Achtung, Ruhe, kein Blitz.
Und dann kommen sie. Mühsam klettern kleine blauschwarze Tiere mit weißer Brust die Steilküste hinauf, landen oben direkt vor unserer Tribüne. Es ist nicht ruhig. Es wird geblitzt. Die Kinder quengeln. Die Pinguine stehen erschöpft, ratlos, verwirrt. Gehen langsam vorwärts. Ihr Watscheln wird belacht und kommentiert. Sie tasten sich zu ihren Höhlen, das Flutlicht folgt ihnen. Sie sind extrem irritiert, und ich verlasse die Tribüne und habe das Gefühl, einer perversen Show beizuwohnen. Später hören wir von

wirklichen Naturschützern, dass so etwas *Sacrifice Beach* genannt wird – man opfert die Ruhe einiger Pinguine, damit die Touristen zufrieden sind und ihnen nicht an den anderen, geschützten Brutplätzen nachstellen. Damit kann ich zur Not leben. Aber an diesem Abend in Oamaru denke ich zornig an die neuseeländische Schriftstellerin Janet Frame, die diese Stadt in so vielen ihrer Geschichten beschrieben hat – war es nicht hier, wo ihre beiden Schwestern so tragisch ertranken? Ihr Bruder von epileptischen Anfällen heimgesucht, sie selbst wegen vermeintlicher Schizophrenie mit Elektroschocks gequält wurde? Wahrscheinlich. Alles hier, ich träume vom Opernhaus mit Pinguinen und Elektroschocks auf offener Bühne und schlafe entsetzlich schlecht.

Am nächsten Tag fahren wir ziemlich still auf der Küstenstraße am grünen, wilden Pazifik entlang, und ich stelle mir die kleinen blauen Vögel in diesem Ozean vor, auf Nahrungssuche zwischen Haien, Fischernetzen, Seelöwen, und wenn sie abends heimkommen, warten hundert zahlende Touristen auf sie – nur schwer werde ich das Bild wieder los, aber ich sehe Robben mit schönen, sanften Hundegesichtern am Strand und die erste Million der fünfzig Millionen beruhigender Schafe, und langsam kommt das Glücksgefühl wieder.

Unsere nächste Begegnung mit Pinguinen sieht anders aus, wir haben gelernt. Um fünf Uhr morgens, es ist dunkel, fahren wir mit *nature guide* Beth im Landrover an die Küste bei Dunedin. Dann geht es mit Taschenlampen zu Fuß durch Felder, Dünen, über Hügel, einen langen Strand. Es gibt einen kleinen Unterstand, wir sind still, warten auf den Sonnenaufgang, hören das Meer und die Möwen. Und dann kommen sie, aus den Dünen. Nein, nicht die Hun-

Meine Pinguine | 161

derttausende, die in der Antarktis eng aneinander stehen und sich wärmen und schützen. Die *Yellow Eyed Penguins* von Neuseeland, in der Maori-Sprache *Hoiho*, Krachmacher genannt, sind Einzelgänger, menschen- und pinguinscheu. Sie grüßen sich im Morgengrauen, sind höflich, gehen gemeinsam und doch mit Abstand durch die Dünen über den Strand zum Meer. Wie unsereins zur U-Bahn. Sie sind größer als ihre blauen Kollegen, aber angesichts dieses Meeres und dieses Himmels sind sie verschwindend klein und zerbrechlich. Es sind die seltensten unter den siebzehn Pinguinarten, es gibt nur noch 6000 von ihnen, wir sind ja gründlich im Ausrotten. Diese hier werden unter anderem von Menschen wie Beth liebevoll geschützt und behütet und überwacht. Sie stehen da, schauen aufs Meer, ich gäbe etwas darum zu wissen, was sie jetzt denken. Ich bilde mir immer etwas darauf ein, die Tiersprache zu verstehen – hier versagt meine Fähigkeit, diese Tiere sind merkwürdig fremd und zugleich so unendlich nah durch ihren aufrechten Gang, kleine Herren stehen da, sind plötzlich verschwunden, vom Meer aufgesogen. In der Abenddämmerung desselben Tages, an einem anderen Strand, still im Sand vergraben, erleben wir das umgekehrte Schauspiel: eine Welle spült sie wieder an Land, das Meer spuckt sie aus, sie gehen direkt auf uns zu. Bleiben stehen. Einer kommt mir so nah, dass ich endlich sagen kann: «Hallo. Ich bin's. Bitte entschuldige, dass wir dich stören. Es geschieht, wie so viele Fehler, aus Liebe.»
Ich sehe unter seiner weißen Frackbrust sein Herz klopfen. Hört er das meine? Seine Augen sind so hell und scharf wie sein Schnabel, zum ersten Mal sehe ich in einem Pinguin nicht mehr den possierlichen Stehgeiger, sondern das Raubtier. Er hat abenteuerlich große, hässliche, pinkfarbene

Füße. Die Geschichte, die ich für Kinder augenzwinkernd geschrieben habe, die poetischen Bilder, die Quint Buchholz dazu gemalt hat, passen auf diesen neuseeländischen Gelbaugenpinguin nicht. Das macht nichts. Ich versuche dennoch eine Unterhaltung.

«Wir Schriftsteller», sage ich zu ihm, «sind Elstern, weißt du. Wir picken hier und da etwas auf, was schön glitzert, und fügen es dann zu Geschichten zusammen, die nicht wahr sind. Aber sie haben die Wahrheit meines Blicks. Verstehst du das?» Er schaut mich ruhig und streng an. Er hat am Kopf, rechts und links der Augen, gelbe Federn. Und wieder denke ich an Janet Frame, die hier aufwuchs, an ihr beeindruckendes Buch «Ein Engel an meiner Tafel», in dem sie schreibt: «Ich war ein gewöhnlicher, grau gefiederter Vogel, der sein Leben damit zubrachte, ein oder zwei rote Federn vor der Welt zur Schau zu stellen.» Ich fühle mich plötzlich auch wie ein grau gefiederter Vogel, der versucht, mehr zu sein – fühle mich in dieser Weite, die den Tieren gehört, extrem störend und gleichzeitig doch dankbar zugehörig zu einer wunderbaren, mich überwältigenden Einheit. Ich bin viel zu sentimental und erschütterbar für dieses große Land, in dem man immerfort sein Herz und seine Augen auf Weitwinkel einstellen muss. Der Pinguin sagt leise «Honk!» und geht weiter. Ich kann nur hoffen, dass er mich in freundlicher Erinnerung behält. Ich werde ihn nie vergessen, er war der Erste, mit dem ich mich unterhalten habe. Auf dem Rückweg riesige Seelöwen, die selbst Pavarotti zum zierlichen Eintänzer degradieren. Tiere überall – in der Luft Albatrosse, zeternde Möwen, Kormorane und gurrende Waldtauben von großer Pracht, am Strand grunzende Robben und Seelöwen, die ungemütlich fauchen, wenn man zu nah kommt, im Wasser schillernde Fische

Meine Pinguine | 163

und silberne Delphine, die Pirouetten in der Luft drehen, um uns zu erfreuen, auf den Weiden freundliche Schafe, riesige Wildrudel, gezüchtete Strauße, schwarzweiße Kühe, die wie Pandabären aussehen, und später, im Regenwald, rotbraune Kakadus und schillernde grüne Sittiche. Die Wiege der Pinguine, sagt ein schlaues Buch, stand nicht im ewigen Eis, sondern hier in den Regenwäldern Südneuseelands. Als wir auf Stewart Island sind, noch weiter südlich, stelle ich mir unter den zehn Meter hohen Farnen und tausendjährigen Bäumen, zwischen leuchtend roten Blumen und in dieser schwülfeuchten Luft eine Wiege vor, in der ein Pinguin – nicht doch. Auch Naturforscher neigen zur Dichtung. Man darf das nie zu wörtlich nehmen.

Aber von hier stammen sie, aus den feuchtwarmen Regenwäldern an den Küsten mit kaltem, nahrungsreichem Wasser, und dann sind sie weiter und weiter südlich gewandert, ins Kalte, auf der Suche nach mehr Nahrung und mehr Ruhe. Wir folgen ihnen noch ein wenig mit John, dem Fischer, auf seinem Kahn. Fast ahne ich schon den Südpol, weit kann er nicht mehr sein, einen Wegweiser gab es ja bereits im Hafen, Tom liegt oben auf der Kajüte und hat die Aufgabe, «Eisberg voraus!» zu rufen, sollte es soweit sein. Stattdessen ruft John plötzlich: *Penguins over there!* Und wir haben unsere nächste, hier völlig unerwartete Begegnung: Mitten im unendlich weiten Pazifik, auf bewegten Wellen, weit ab von jedem Ufer, schwimmt eine kleine Gruppe von vielleicht sieben, acht Pinguinen, die Köpfe nebeneinander wie Herren aus der Chefetage auf dem Weg zur Konferenz. Nie kamen sie mir kostbarer, zierlicher und in dieser Welt verlorener vor als hier, mitten auf dem Meer, diese nicht Vogel-nicht-Fisch-Tiere. «Gänslein, die nicht fliegen können», nannte Fernando Magellan sie, als er 1520 im Süden Chiles die Ersten sah – und sie gleich zu Tausenden schlachten ließ. Der Anblick dieser kleinen Gruppe hier vor dem Boot ist tief bewegend. Sie tauchen ab, tauchen auf, schnattern leise, als müssten sie für eine am Abend zu haltende Tischrede üben, verschwinden wieder wie ein Spuk. Für mich ist es der glücklichste, der unfassbarste Moment auf dieser Reise – am südlichsten Punkt der Erde, an dem noch Menschen leben können, im Pazifik um Stewart Island: kleine, adrett gekleidete Pinguine, die grüßend vorbeischwimmen. Wo sie sind, gibt es Fische, und jetzt kommen die Albatrosse, einer, zwei, vier, zehn, es werden immer mehr, und die Sonne verschwindet, wenn sie ihre drei Meter weiten Flügel aufspannen und ums Boot fliegen, weil wir ihnen Fischstücke zuwerfen. Wie soll man so viel Schönheit aushalten? Als wir anlegen, schwimme ich in der kleinen Bucht, auch wenn das Wasser kalt ist. Ich will unbedingt einmal im selben Wasser geschwommen sein wie die Pinguine. Es fühlt sich gut an. Und als ich mich zum Trocknen in die Sonne setze, kommt ein goldbrauner Weka und zupft furchtlos an meinen Sachen herum. Der Weka ist eine Ralle, und ich habe einmal inmitten von vier Katzen und einem Labrador eine Sumpfralle großgezogen – deren Sprache kann ich, und so unterhalte ich mich mit dem Weka in leisem *ee-wee!* und *pee-wee, tui tui?* ein wenig über die Dinge des Lebens. «Allmählich zu viel Touristen, selbst schon hier unten», sagt er. «Früher war es ruhiger, die Menschen hält es nicht mehr zu Hause, sie reisen so viel, warum? Ist es bei euch so hässlich?» – «Ja», sage ich, «meistens ist es bei uns hässlich, es ist aber auch die innere Zerrissenheit, die uns treibt, und die Sehnsucht nach irgendetwas, das wir vor langer Zeit verloren haben.» – «Was denn?», fragt der Weka neugierig und lugt

in meine Schuhe. «Das Paradies», sage ich, und er fragt mich: «Was ist das?» Du hast es doch direkt hier, dummer Vogel, denke ich, aber man weiß ja immer erst, dass es das Paradies war, wenn man es schon verloren hat. Es möge dir erspart bleiben.
Dem Weka wird es langweilig mit mir, er stolziert davon, und ich sammele ein paar riesige grüne Muscheln auf, die in den Souvenirläden zwanzig, dreißig Dollar kosten und aus denen man Schmuck macht. Im Paradies liegt alles einfach so herum. Wir übernachten jeden Tag woanders, einmal bei Deutschen, die seit achtzehn Jahren in Neuseeland leben. Hildegard hat sich noch immer nicht satt gesehen an diesem Himmel, an den Farben, an all der schroffen und blühenden Schönheit. Sie ist engagierte Tierschützerin und erzählt von Netzfischern, die neunzig Pinguine gefangen und getötet haben. Der Tierschutz in Neuseeland wird ernst genommen, aber es gibt noch viel mehr zu tun. Die Schafzüchter lassen ihre Hunde fast verhungern, damit sie besser parieren. Wie kann man das zum Beispiel ändern? Hildegard vermittelt uns weiter an Doug, der auf Stewart Island eine stramme Nachtwanderung durch den Regenwald mit uns unternimmt – in diesem Wald wohnt der struppige Kiwi, Neuseelands Nationalvogel, flugunfähig auch er, und wir hören Nachtvögel rauschend im Farn landen und Possums herumhuschen – die neuseeländische Plage, alles fressen sie kahl, und man wird geradezu darum gebeten, sie zu überfahren. Alle hundert Meter liegen sie platt gefahren auf den Straßen, und man kann T-Shirts mit Possum-Bildern und der Unterschrift *Give speed!* kaufen. Ich kaufe mir heimlich zur Erinnerung ein Possumfell – «Jetzt», sage ich zu ihm, wenn ich zum Lesen meinen Kopf daran lehne, «seid ihr achtzig Millionen und werdet ausgerottet. Aber

wir wissen ja, wie das endet. Wenn ihr nur noch zweihundert seid, dann schützen sie euch wieder.»
Die Kinder tragen Schuluniformen, die Moderatoren eines Rugbyspiels im Fernsehen sind gleich gekleidet; als wir einmal bei einer Schafauktion zusehen, tragen die Auktionatoren dieselben Shorts, Kurzarmhemden, Schlipse. Haben sie das von den Pinguinen gelernt, dieses klassenlose Outfit? Die Schafzüchter sitzen auf den Zäunen, gegerbte Kerle mit Lederhüten und Handys, und ich denke daran, was Hildegard über sie erzählt hat – ein paar Kilometer weiter haben sie dem Collie, dem treuen Hirtenhund, *without the help of which the grazing of this mountain country would be impossible* ein Bronzedenkmal gesetzt.
Es ist so berauschend schön, dieses Land – statt des Polarsterns sehen wir das Kreuz des Südens, der Vollmond steht groß wie eine Bratpfanne über Owaka, die Sterne wie leuchtende Bratkartoffeln. Die Sonne geht im Westen auf und im Osten unter, und am Himmel ziehen schmale weiße Wolken, nach denen das Land seinen Namen hat, *Aotearoa*, Land der langen weißen Wolke. Wir gehen durch Urwald und struppige Steppe, sehen grüne Täler mit Gärten voller Pfirsiche und Aprikosen und übernachten an einem jadegrünen Gletschersee mit Blick auf schneebedeckte Dreitausender. Manchmal, wenn es mir das Herz zu zerreißen droht und ich so viel Schönheit kaum noch ertragen kann, lässt mich Tom durch seine Kamera sehen, die die Landschaft wieder in Form bringt und einrahmt – das beruhigt, denn «das menschliche Auge hat keinen Rahmen», sagt er, und wir müssen lachen. Ihn schützt dieser Rahmen. Meine Seele liegt offen und verwundbar da, ich merke, wie lange ich es mir verboten habe, mich wieder derart aufzuklappen. Es tut gut, es tut weh. Ich will keinen Rahmen, ich habe

Meine Pinguine | 167

sonst immerzu Rahmen. Ich lebe hier in Cinemascope und er-lebe weit über meine Verhältnisse.
Zweimal treiben wir Unfug: Einmal besichtigen wir unter der Erde in einem schaukelnden Kahn auf wildem Wasser die Glühwürmchengrotte, in der es seit 12 000 Jahren still vor sich hin funkelt, und einmal leihen wir uns in einer Käsefabrik, die den Pinguinschutz mitfinanziert, ein groteskes Pinguinkostüm aus, mit dem ich am Strand entlangwatschele. Ich schlage mit den Armen, blicke aufs Meer und rufe: «Honk!» Das ist in der Nähe einer Albatroskolonie, wo die Jungen auf den hohen Felsen nur einen ersten Versuch haben, wenn sie ausgewachsen sind – entweder der Wind trägt sie hoch, oder sie stürzen ab. Gelingt der erste Flug, dann dauert er volle drei Jahre – sie umkreisen an die vierzig Mal die Erde, immer über dem Meer, kommen erst wieder an Land, wenn sie selbst reif zur Brut sind. Wenn man solche Wunder erfährt – ist es da noch wichtig, ob man in Köln vorm Kino einen Parkplatz findet? Jetzt, während ich dies erinnere, bin ich wieder in Köln, suche Parkplätze, sehe unsre armen, verhassten Stadttauben mit ihren verkrüppelten Füßen und denke an den jungen Albatros, der zum ersten Mal seine Flügel öffnet und den der Wind über das Meer trägt, und unten hüpfe ich, ein bunter Pinguin, und weiß nicht recht, wohin ich denn nun eigentlich gehöre.
Zurück zu Hause, begegnet mir Kater Nero an der Gartentür. Zum ersten Mal fällt mir auf, dass auch er schwarzweiß gekleidet ist, stünde er auf den Hinterpfoten, hätte er durchaus etwas von einem Pinguin. Und hat er da nicht eben statt «Maunz!» leise «Honk!» gesagt, als er sich an meinem Bein rieb?
Die Freunde hören zu, als ich von Neuseeland erzähle.

Meine Freundin hat Tränen in den Augen, weil sie meine Sehnsucht spürt, und sie sagt: «Komm, wir kaufen uns ein Meer voller Delphine, Pinguine und Albatrosse.» – «Ja», sage ich, «komm, das machen wir. Und da lassen wir keine Tanker fahren.»

Leicht gekürzt veröffentlicht in *Brigitte*, Heft 14/2000

Über Rowohlts Rotationsromane
50 Jahre rororo

1957 war ich vierzehn Jahre alt, wurde konfirmiert und bekam ab da mein erstes Taschengeld, ich glaube mich zu erinnern, dass es drei Mark pro Monat waren. Die Hälfte davon habe ich sofort bei Neher ausgegeben: Neher war eine Buchhandlung in Essen, an deren Scheibe ich mir oft die Nase platt gedrückt hatte, aber ohne Geld traute ich mich nicht rein. Bücher waren damals mein Ein und Alles, denn ich war den ganzen Tag allein zu Hause, die Eltern berufstätig, und das Tor zur Welt war das Lesen, denn damals – das kann man sich wohl heute gar nicht mehr vorstellen – gab es noch kein Fernsehen in jedem Haushalt! Ich bekam zu allen Festtagen Bücher geschenkt, half in einer evangelischen Jugendbücherei beim Einsortieren, um kostenlos so viel ausleihen zu dürfen, wie ich tragen konnte, und las damals wirklich ALLES: *Trotzkopf, Heidi, Vom Winde verweht, Und ewig singen die Wälder, Fünf Freunde auf Abenteuer, Dr. Dolittle und seine Tiere, Brot* von Heinrich Waggerl, ich versuchte mich sogar an *Mein Kampf*, das im elterlichen Bücherschrank, der etwa zwanzig Bücher umfasste, nicht fehlte, aber das war dann doch langweilig, die Memoiren des Arztes Sauerbruch, *Das war mein Leben*, hingegen gefielen mir gut. Mir gefiel fast alles, weil ich noch nicht richtig vergleichen konnte, so was kommt ja gemeinhin erst später.

Und nun also: mein allererster Buchkauf. So eine richtige Vorstellung von dem, was ich kaufen wollte, hatte ich noch nicht, aber es gab ja zum Glück seit einigen Jahren billige

Taschenbücher. Und eins fiel mir sofort ins Auge: Der Autor hieß Fallada. Fallada? Die Zeit lag noch nicht so lange zurück, in der ich Grimms Märchen gelesen hatte, und ich erinnerte mich an die schaurige Geschichte von der Gänsemagd, die eigentlich Königstochter war und jeden Tag unter dem Tor durchgehen musste, über dem der abgehauene Kopf ihres Pferdes Falada hing –, Falada, der sprechen konnte und auf ihren Seufzer: «O Falada, da du hangest!» antwortete: «O du Königstochter, da du gangest, wenn das deine Mutter wüsst', das Herz tät ihr zerspringen.»
Mich hatte die Geschichte tief beeindruckt – das Zitat von «Weh, weh Windchen, nimm Kürtchen sein Hütchen» kam auch noch drin vor, und dann wehte das Windchen Kürtchen sein Hütchen weg, und die Königstochter konnte sich kämmen und ihre Zöpfe flechten, und der alte König hatte das alles beobachtet, und am Ende wurde alles gut, und der abgeschlagene Kopf von Falada musste nicht mehr seufzen. Und nun ein Buch von diesem sprechenden Pferd Fallada, mit zwei l, *Kleiner Mann, was nun?* Das Pferd hieß Hans mit Vornamen, und vorne im Buch stand, dass er landwirtschaftlicher Beamter und Buchhalter, Kartoffelzüchter und Nachtwächter, Adressenschreiber, Getreidehändler und Anzeigenwerber war. Von Schriftsteller stand da nichts, und damals hatten ja in der Tat auch alle viele Berufe, um irgendwie über Wasser zu bleiben. Lese ich heute in den Biographien jugendlicher Studienabbrecher, die ein schmales Bändchen veröffentlichen, dass sie zuvor Leibwächter, Irrenwärter, Stöckelschuhbauer und Leichenwäscher waren, zweifele ich schon eher und lege solche Bücher meist schnell wieder weg.
Fallada, Hans wurde gekauft. Das Bild außen drauf war aus-

gesprochen nett, ein bisschen pariserisch, ein blondes Mädchen und ein Mann mit Hut und Fliege auf einer schmiedeeisernen Bank, auf der auch ein rotes Vögelchen saß, die Bäume blühten, in den Häusern ringsum heimeliges Licht – das alles war sehr niedlich und sprach mich an. Der Umschlagentwurf war von Gisela Pferdmenges, und als ich Jahre später in Köln in der Pferdmengesstraße wohnte, hielt ich das für einen schönen Zufall und freute mich, dass man nach der Künstlerin eine so lange und wichtige Straße benannt hatte, in der die Linie 6 fuhr. Später merkte ich, dass es da wohl mehr um Adenauers Bankier Pferdmenges ging, dessen Villa in dieser Straße lag. Aber irgendwie, denke ich, wird das schon alles miteinander zusammenhängen.

Auch der Titel klang nicht schwierig – *Kleiner Mann, was nun?*. Ich blätterte ein bisschen: ein Lämmchen kam auch drin vor, und ein netter junger Mann, der auf dieses Lämmchen wartete. Das waren dann wohl die zwei vom Titelbild. (Ich fing gerade an, mich brennend für nette junge Männer zu interessieren, und hatte noch nicht entschieden, ob ich Lämmchen oder Löwin werden wollte. Ich wurde, falls es Sie interessiert, so etwas Ähnliches wie Katze.)

Also legte ich genau die Hälfte meines Taschengeldes auf den Tisch – 1,50 DM – und kaufte mein erstes Buch. Ich glaube, es wurde in eine Papiertüte gesteckt. Es war ein unbeschreibliches Gefühl! Noch immer verlasse ich Buchhandlungen mit schweren Tüten und leichtem Herzklopfen, voller Vorfreude auf neue Schätze. Aber dieses Glücksgefühl mit 14 Jahren beim ersten Buchkauf – das bleibt unerreicht. Zu Hause dann habe ich geblättert – dicker als ich dachte: 290 Seiten. Herrlich, ich habe dicke Bücher immer geliebt. Das Inhaltsverzeichnis war vielversprechend und geheimnisvoll:

«Geschwätz in der Nacht von Liebe und Geld» hieß ein Kapitel, ein anderes: «Die Ehe fängt ganz richtig mit einer Hochzeitsreise an, aber brauchen wir einen Schmortopf?» und wieder ein anderes: «Wie Pinneberg über Freikörperkultur denkt und was Frau Nothnagel dazu meint.»
Zwischen den beiden Kapiteln «Ein Brief kommt, und Lämmchen läuft in der Schürze durch die Stadt, um bei Kleinholz zu heulen» und «Frau Mia Pinneberg als Verkehrshindernis. Sie gefällt Lämmchen, missfällt ihrem Sohn und erzählt, wer Jachmann ist», zwischen diesen beiden fand sich eine Seite, die den Roman unterbrach, und auf der stand:
«Immer wieder glüht ein kleines Licht auf … Das sind die seligen Augenblicke, in denen sich Pinneberg eine Zigarette anzündet und in denen auch der Leser nach ihr greift. («Und jetzt kommt das Beste», sagt auch Jachmann, der gemütvolle Schuft, bevor er sich dem Rauchen hingibt!) Niemand kann es genau definieren, was das Schönste daran ist: den Rauch einzuatmen, ihn sich um die Nase kräuseln zu lassen oder ihm zuzusehen, wie er um die Leselampe brodelt, wie ein Brandopfer aufsteigt, Geheimnis und Behaglichkeit stiftend. Wenn ein Raucher vom Rauchen liest, kribbeln ihm die Finger. Wenn er etwas Gutes rauchen will, raucht er die FOX.»
Mich hat dieser Text so überzeugt, dass ich mir vom Rest meines Taschengeldes Fox kaufte, die gab es damals in Dreierpackungen, aber weil mein Vater Nil rauchte, landete ich bald auch bei Nil, die ich ihm aus der Packung nahm, das Geld sparte ich lieber für Bücher, und so habe ich, seit ich fünfzehn Jahre alt war, viele hundert rororo Taschenbücher bei vielen hundert Nilzigaretten gelesen und immer genau das empfunden: wie herrlich es war, wenn der Rauch

aus der Nase stieg und um die Leselampe brodelte, Geheimnis und Behaglichkeit stiftend. Das ist wohl, was meine Generation meint, wenn sie von der guten alten Zeit redet, als man noch rauchen durfte, ja, sogar sollte.
Ich habe die Reklamen in den rororos sehr geliebt, schon deshalb, weil sie immer verrieten: der Fox-Mann und später der Mann mit den Pfandbriefen kennt das Buch, er setzt nicht einfach seinen Werbespruch hier ein, er weiß, was wir gerade lesen, und die Werbung passt dazu. Beispiel: Nach Fallada, rororo Nr. 1, kaufte ich natürlich Graham Greene, *Am Abgrund des Lebens*, rororo Nr. 2, denn damals dachte ich noch, man müsste die nun alle der Reihe nach lesen, und in Nr. 2 hatte der Fox-Mann gedichtet:
«Zwischenruf! Dieses Buch hat die Handlung eines Kriminalromans. Aber der Leser wird es spüren, dass es nicht darauf ankommt zu wissen: wer hat Kibber umgebracht? Er wird spüren, dass dieses Buch eine Anklage ist. Gegen wen? Darüber lohnt es sich nachzudenken, ebenso sehr wie darüber, welche Fehler die Bande beging, als sie Kibber umlegte … Dies ist der Rat einer Zigarette, die weiß, dass man sie zum Lesen und Nachdenken braucht. Natürlich die FOX. Sie will an dieser Stelle den Ablauf der Handlung nicht stören (es war auf Seite 50). Sie will Ihre Aufmerksamkeit nur auf eine Kleinigkeit lenken: Immer wieder sagt Pinkie Brown, wenn ihm Colleoni, ein Polizist oder sonst wer ganz freundlich eine Zigarette anbietet: ‹Ich rauche nicht!› Je öfter er es sagt, umso unsympathischer wird er dem Leser, während Kibber immer mehr durch den hässlichen gelben Nikotinfleck am Finger geradezu etwas Menschliches, Freundliches anzeigt.»
Und dann stand ganz unten noch, kursiv gedruckt: «Es ist verständlich, dass eine Zigarette alles vom Standpunkt ei-

ner Zigarette betrachtet. So auch dies. Und sie ist dreist genug, sich dem Leser anzubieten als eine Zigarette von Niveau. Schreibende und lesende Leute wählen gern die FOX.»

Und irgendwie war ich nun schon einigermaßen gespannt, wie sie uns die gute Fox in rororo Nr. 3, Kiplings *Dschungelbuch* andrehen würden, unter Panthern und Affen. Es war ganz einfach, denn für die Tiere im Dschungel war der Geruch des Rauches immer ein Zeichen dafür, dass Menschen in der Nähe waren, und: «Wenn die Elefantenjäger heimgekehrt sind, wenn sie ums Feuer sitzen, wenn sie Geschichten erzählen oder ihren eigenen Gedanken nachgehen, stecken sie sich einen glühenden Ast in den Mund und atmen Rauchwolken aus. ‹Es muss etwas Wunderbares daran sein›, sagten die Tiere. Und das ist es auch. Bei Millionen von Rauchern heißt er FOX, der kleine glühende Ast.»

Aber der erstaunlichste Zwischentext war dann im nächsten, in Band Nr. 4, Tucholskys *Schloss Gripsholm*, da klärte sich nämlich alles auf – Seite 133, eine Karikatur zeigte den Verleger Ernst Rowohlt, und darunter stand folgender Text: «Spätestens an dieser Stelle des Buches – wahrscheinlich schon früher – werden Sie sich, wenn Sie ein Raucher oder eine Raucherin sind, eine Zigarette anzünden wollen. Ein Raucher kann ein Buch nicht ohne Genuss lesen, wenn er nicht raucht. Ich bin nicht der Reklamechef einer Zigarettenfabrik, aber ich habe diese Seite einer Zigarette verkauft. Seien Sie mir bitte nicht böse deswegen! Die besten Zeitschriften der Welt verkaufen einen Teil ihrer Seiten an Inserenten. Die Inserenten machen die Zeitschriften damit überhaupt erst rentabel. Warum macht man das nicht auch mit Büchern? Es würde die Auflage der guten Bücher in der Welt vermehren. Man soll nicht immer alles wie vorgestern

machen. Lesen Sie die nächste Seite nicht, wenn Sie glauben, dass es unfair ist, ein Inserat in ein gutes Buch einzuschalten. Ernst Rowohlt.»
Die nächste Seite warb, wie könnte es anders sein, für die gute Fox, und heute denke ich – jeder gute Film wird durch minutenlange, schwachsinnige Werbung für nackte Damen, noch mehr Autos oder Waschpulver unterbrochen, so sehr, dass Fellini, der das nicht zuließ, schließlich aus Verzweiflung auch die Werbungen in den Pausen selber drehte, und so wurden in Italien Fellini-Filme im Fernsehen mit Fellini-Werbung unterbrochen – warum wird nicht in Büchern, wenn es sie denn finanzieren hülfe, für die gute Nil, den guten Rotwein, den bequemen Lesesessel geworben? Ich hätte nichts dagegen, denn richtiges Rauchen und richtiges Trinken hat immer auch mit richtigem Genuss zu tun, und die Vorschüsse, die manche Agenten heute glauben verlangen zu müssen, kämen damit auch schön wieder rein, und in gewissen Büchern könnte man ja auch durchaus für Familienmargarine, Früchtequark oder Stützstrümpfe werben.
Und so ging es weiter mit den guten rororos und der guten Fox, bei Hemingway und Balzac, bei Hamsuns *Mysterien* erst auf der allerletzten Seite – «Am Ende eines so guten Buches muss man eine FOX rauchen, denn die FOX hat Niveau», hieß es da, bei Rudolf Brunngrabers atemberaubendem Tatsachenroman über *Radium* wird noch geraucht, und dann plötzlich, rororo Nr. 10: Cronins *Kaleidoskop in K* – eine Krankenhausgeschichte und die Leiden und Nöte von Oberschwester Fanny, und was ist? Werbung für Mouson Lavendel! «So verschieden auch die Schicksale sein mögen, die Menschen in Krankenzimmern zusammenführen, einem Wunsch begegnen wir immer: die Atmosphäre die-

ses unfreiwilligen Aufenthaltes so angenehm zu gestalten, wie es unter diesen Umständen möglich ist. Hier hilft Mouson Lavendel mit der Postkutsche.» Gott sei Dank aber wurde schon in Nr. 11, Graham Greenes *Orientexpress,* wieder tüchtig geraucht, denn, dichtete der Fox-Mann lapidar: «Für die Fahrt im Orientexpress empfiehlt sich dem Raucher die FOX.»

Ich habe damals nicht nur Nummer für Nummer die rororos gekauft und gelesen und dazu tüchtig geraucht, wie es mein Verleger ja auch empfahl, ich habe sie auch immer noch, die ersten 500 fast vollständig, und wo nicht, streune ich für die noch fehlenden über jeden Flohmarkt und durch alle Antiquariate. Die Preise liegen zwischen 20 Pfennig, wenn Kinder die Bücherschränke der Eltern leer räumen, und über 100 Mark, wenn Kenner Nr. 52 anbieten, Hammond Innes, *Der weiße Süden,* in der Übersetzung von Arno Schmidt. (Habe ich natürlich, in der Originalausgabe.)

Später erschienen meine eigenen ersten Bücher bei rororo: Die vier Bände mit Else Stratmanns Kommentaren zum Zeitgeschehen haben sogar die Zwei-Millionen-Grenze erreicht, und kein Erfolg macht mich stolzer. Aber sie sehen nicht mehr so schön aus wie die frühen Bände mit Leinenrücken, und hintendrin steht auch nicht mehr: «Rowohlts Rotations Romane – durch jede Buchhandlung zu beziehen.» (Unter den Anzeigen für Rowohlts gebundenes Programm stand übrigens: «Durch jede gute Buchhandlung zu beziehen.») Was ich aber gemacht habe, ist eine kleine Hommage an die frühen Rowohlts – und niemand – weder im Hause Rowohlt noch sonst wo – niemand außer meinem Mann ist je darauf gekommen, warum der Titel meines allerersten Bandes mit ALSO-Kolumnen aus *Brigitte* bei rororo so aussah: 1988, in der Zeit, in der es mit der Hysterie gegen das Rauchen gerade tüchtig losging, mit Zigarette im Mund trotzig auf dem Titel – meine Verbeugung vor den ersten rororos und der guten Fox.

Ich liebe meine ersten 500 rororos, obwohl sie inzwischen arg vergilbt sind und zum Teil aus dem Leim gehen, aber die meisten haben die Jahre erstaunlich gut überstanden. Nur: die alten kann ich inzwischen selbst mit Brille nur noch mühsam lesen. Die Schrift ist einfach zu klein, das Papier inzwischen zu dunkel. Einige gibt es neu aufgelegt, aber dann haben sie keinen Leinenrücken und keine Fox-Reklame mehr, und das geht natürlich auch nicht, also kaufe ich mir, was ich denn wiederlesen will, im Hardcover zusammen. Die rororos sind aus den fünfziger Jahren, aus meinen ersten wichtigen Lesejahren und aus meinem Leben nicht wegzudenken. Und bei Umzügen gibt es immer eine Extrakiste mit den alten Taschenbüchern, die kommt nicht in den Möbelwagen, die kommt in meinen privaten Kofferraum. Erstens, damit ihr nix passiert, und zweitens bin ich der Typ Frau, der dazu neigt, vom Zigarettenholen nicht mehr nach Hause zu kommen – und dann habe ich doch wenigstens für die kommenden harten Jahre was Gutes zu lesen dabei.

Rede in Schöppingen, gehalten am 6. Mai 2000
anlässlich einer Ausstellung und Feier
zum Thema 50 Jahre rororo Taschenbücher

Isolde Ohlbaums Schriftstellerporträts

Das Sujet ist gar nicht so einfach zu umreißen: Man nennt sie Schriftsteller und Dichter, Autoren, Poeten und Verfasser so genannter schöner Literatur. Wir haben es mit Verseschmieden und mit Erzählern zu tun, Politiker sprechen gern auch schon mal abfällig von Schreiberlingen, und den Dichterling kennen wir aus *Wittgensteins Neffe* von Thomas Bernhard. Der Dichterfürst aber ist längst ausgestorben, und in den Verträgen mit den Verlagen schrumpfen wir allesamt zu «im Folgenden Rechteinhaber genannt».
Im Sanskrit, erzählte mir ein Freund, heißen die Dichter «Vipra», was zurückgeht auf die Wurzel «vip», zittern, erregt sein, geschüttelt sein – der Dichter also als der Durchzitterte, der Erschütterte, ganz so, wie Hugo von Hofmannsthal Nietzsche beschrieben hat: «Seine geistige Leidenschaft ist so groß, in den nächsten Momenten wird er wirklich ein leidenschaftlich Erschautes bis in den Rhythmus seines Leibes in sich nachzittern fühlen und dann wahrhaft Dichter sein.»
Wir haben es in diesem Fotoalbum mit Bildern von Wort-, Schrift-, Sprachkünstlern zu tun, lassen Sie mich also sagen: von Dichtern. Es klingt am schönsten. Und wenn ich sage Dichter, dann meine ich – natürlich – auch Dichterinnen, ohne das nun jedes Mal dazuzuschreiben. Was aber auffällt: Wir sehen in diesem Band (in diesem Beruf?) sehr viel mehr Männer als Frauen. Das aber wäre wieder ein anderes Thema.
Dichtende Menschen also. Vipra, der Durchzitterte, der

Isolde Ohlbaums Schriftstellerporträts | 179

mit den Vibrationen, *strange vibrations, shake, rattle and roll* – auch hier Sound, Klang, Bewegung, Erschütterung. Ganz wie in der Musik. Wann endlich bekommt Bob Dylan den Nobelpreis für Literatur, schon damit Isolde Ohlbaum ihn für den Titel ihres nächsten Dichteralbums fotografiert?

Sie hat die Dichter über Jahre, über Jahrzehnte mit ihrem Fotoapparat begleitet, und es mag nicht einfach gewesen sein, aus dem überquellenden Archiv die Porträts auszuwählen, die dieser Band nun schließlich enthält. Ich habe noch ihr Seufzen im Ohr, ich sehe ihre Faxe auf meinem Tisch, wenn sie im letzten Augenblick wieder ein Bild heraus-, ein anderes hereinnahm – nach welchen Kriterien? Sympathie? Antipathie? Geht es darum, welchen Dichter man mag und welchen nicht? Darum, ob das Foto in den Augen der Künstlerin gelungen ist oder nicht, ob das Licht schön, das Gesicht weich ist? Oder geht es um noch ein Bild mit Buch, Katze, Weinglas oder gerade eben nicht noch eins?

«Eine der Aufgaben der Fotografie besteht darin, die Mannigfaltigkeit der Welt zu erschließen und unsere Sinne dafür auszubilden», schreibt Susan Sontag. «Es geht nicht darum, Ideale zu präsentieren. Es gibt kein Programm, außer Vielfalt und Interessantheit. Es gibt keine Wertungen, was natürlich in sich eine Wertung ist.»

Von mir aus hätte das Buch noch viel dicker sein, von mir aus hätte Isolde Ohlbaum alle Fotos, die ich gesehen habe, hereinnehmen können. Ich liebe Fotos von Menschen. Ich liebe Fotos von Dichtern, weil ich Dichter liebe. Ich liebe Menschen, die ihr Leben mit Lesen und Schreiben verbringen, ich finde sie schön, alle, diese Gesichter, weil sie einen wachen, lebhaften, müden, verträumten, listigen, melan-

cholischen oder vergnügten, aber nie einen langweiligen Ausdruck haben. Ich kann in jedem dieser Gesichter, in jedem dieser Bilder endlos herumwandern und mir eine Geschichte dazu erfinden oder versuchen, das Rätsel zu lösen, das mir die Fotos aufgeben.
Was macht Donna Leon hinter diesem Vorhang? Hat Loschütz sich in Kafkas Schloss verirrt? Aber wieso kann er dann noch lachen? Wem hisst Kempowski so vergnügt die Friedensfahne? Warum hat Ilse Aichinger so viel Spaß unter dem Schirm? Und ist das derselbe Schirm, der auch Simmel und Salter beschützt? Oder ist alles Betrug, und es hat gar nicht geregnet? Bilden die Fotos so wenig die Realität ab wie die Geschichten? Können wir glauben, was wir sehen? Wollen wir glauben, was wir lesen?
Ingo Schulze hat geschrieben, dass man sich mit Sätzen wie «Aber so ist es doch gewesen! Das habe ich selbst erlebt!» als Schriftsteller disqualifiziert. «Mit dieser Haltung», sagt er, «schreibt man kein Gedicht, keinen Roman. Damit soll man zu Freunden gehen oder in Talkshows oder Selbsthilfegruppen.» Die Schönheit einer Geschichte hängt, wie die Schönheit eines Bildes, immer auch mit Unergründlichkeit zusammen. Darum sind eins zu eins erzählte Lebensberichte so quälend und haben nichts mit Literatur, sind gestellte «schöne» Fotos so langweilig, haben nichts mit Kunst zu tun.
Manchmal versuche ich, ganz gründlich zu vergessen, was ich doch weiß, nämlich dass es allesamt Bilder von Dichtern sind, die ich hier sehe. Ich versuche, mir einfach nur vorzustellen, dass es irgendwelche Leute sind und ich müsste raten, was sie tun: Kunert: jemand, der in seiner Freizeit Katzenkissen bemalt und auf Flohmärkten verkauft; Canetti: ein Bankdirektor; Julian Barnes: Fahrlehrer;

Isolde Ohlbaums Schriftstellerporträts | 181

John Irving: Herzchirurg, sehr erfolgreich, auch bei den Frauen; Wolfgang Koeppen: ein fröhlicher evangelischer Pastor, aber mit Samuel Beckett an der Wand? Handke, Krüger, Gustafsson trainieren für die Olympiade; Pleschinski: Libero in der polnischen Nationalmannschaft; Grass: vielleicht ein Tontechniker, der die Mikrophone testet, an denen nachher Montserrat Caballé und ihre Tochter singen werden; Paul Auster ist der Mann, der in Prag das Fundbüro leitet, lustlos, schwermütig, heimlich schreibt er aber, wie Kafka und Pessoa; Jewtuschenko und Artmann reisen als Alleinunterhalter, und da sind wir ja schon wieder nahe an der Wirklichkeit; und Elfriede Jelinek – könnte sie nicht eine Pension für gefallene Mädchen leiten, mit diesem Wachhund? Solche Spekulationen machen Spaß und führen doch nicht weit, denn schon sitzen sie wieder da mit ihrem Buch, ihrer Brille, ihrer Zigarette und sind eindeutig: Dichter. Sie rauchen und trinken, denn das Leben ist zu kurz, um sich etwas zu verkneifen. Und dann setzen sie sich hin und schreiben auf, wovon sie träumen, und dabei fotografiert sie schon wieder Isolde Ohlbaum. Einfach so.

Viele Bilder zeigen die Dichter so, wie wir sie uns vorstellen, allein, am Schreibtisch, mit Papier, Schreibmaschine, Bleistift, einen einzigen Computer nur sehen wir in diesem Buch – den von Doris Dörrie. Jedes dieser Bilder erzählt eine Geschichte – zum Beispiel vom Reisen und vom Ankommen, von Einsamkeit und Freundschaft, von der Stille und von der Bewegung. Der Dichter schreibt zu Hause, im Hotel, im Zug, auf der Parkbank, im Café. Immer allein. Und dann reist er durch die Gegend und liest sein Buch vor, signiert es, redet darüber. Wie kommt es, dass – egal, ob in Oberhausen oder in Paris – Isolde Ohlbaum immer schon da ist mit ihrem Apparat? Wie viel, um Himmels willen,

reist dann erst sie? Und wie weit steckt sie selbst in ihren Fotos, unsichtbar? Ist das *ihr* Witz? *Ihre* Sehnsucht nach Harmonie und Schönheit, *ihr* Gefühl für Einsamkeit?
«Man lügt, sobald man zu tippen anfängt», sagt Arno Schmidt, und ich glaube, von Pascal stammt der lässige Satz: «Was auf der einen Seite der Pyrenäen wahr ist, ist auf der anderen falsch.» Auf welcher Seite der Pyrenäen aber stehen wir, wenn wir diese Bilder betrachten? Auf welcher stand die Fotografin?
Sind es Momentaufnahmen? Raffinierte Arrangements? Zufälle oder bewusste Posen?
Jedes dieser Bilder steht nur für sich, und die Gesamtheit sagt nicht aus: So sind sie, die Dichter. Klischees werden nicht bedient – höchstens werden Muster sichtbar, Muster von einem Leben für das geschriebene Wort. Und Fragen stellen sich beim Betrachten der Fotos ganz von selbst:
Kriegt Uwe Johnson Besuch von Nosferatu? Wer hat so komisch an Thomas Bernhard geschrieben? Was zeigt Chotjewitz dem Hammel? Wieso herrscht Joseph von Westphalen den Schwan so an, und warum liegt er, der doch die Frauen so liebt, dann ausgerechnet mit Tilman Spengler im Doppelbett?
«Die Wirklichkeit, die Wirklichkeit trägt wirklich ein Forellenkleid», heißt es in einem Lied von André Heller.
Auf wen wollte Nicolas Born schießen, und konnte Ernst Meister ihn daran hindern? Wollte sich Thomas Hettche wirklich aufhängen? Wir wissen es nicht, aber warum Rainald Goetz das Blut übers Gesicht läuft, das wissen wir – das war mit Sicherheit keine Inszenierung der Fotografin, und das können wir nicht von allen Bildern so überzeugt behaupten.
Wer krönte Fried mit Lorbeer? Er selbst? Kann sich Rosa-

munde Pilcher keine Schuhe leisten, die nicht drücken? Hat Enzensberger wirklich Hosen mit solchen Bügelfalten an, wenn er sich zu Hause auf dem Teppich rollt? Und was spielt Ivan Nagel auf dem Klavier? Das zumindest kann ich erahnen: Mozart, natürlich. Ich gäbe etwas darum, neben Tabori und Rühmkorf zu gehen, diesen schönen Männern in langen Mänteln mit eleganten Hüten. Ich würde so gerne mit Claudio Magris da in seinem grünen Gebüsch sitzen und ihn fragen, ob er glücklich ist, ob dies so ein Tag war, wie er ihn beschrieben hat. «... einer jener Tage vollkommener und unerträglicher Schönheit, die wie eine Wunde spüren lassen, was das Leben sein könnte und was es sein sollte.»
Wie hat Isolde Ohlbaum es nur angestellt, sie alle so zu erwischen? Hat sie sie dazu animiert, Masken aufzusetzen, Pfeifen anzuzünden, Hasenohren zu machen? Oder tun Dichter, Sachwalter der Phantasie, so etwas von alleine? Schreiben ist ein einsamer, ein stiller Beruf. Muss man manchmal ausbrechen und beweisen: Ich kann auch anders?
Ich habe mich verliebt in Connie Palmen, die verschmitzte Raucherin mit den Igelhaaren und in den kleinen zarten Walter Mehring in seinem großen Stuhl, natürlich auch wieder mal in die verwüstete Marguerite Duras und den feinen, beherrschten Julien Green, in Tomi Ungerer, der aussieht wie eine alte Bäuerin, die alles schon erlebt und vor nichts mehr Angst hat, ach, in alle, wenn ich es recht bedenke. Ich krieche in diese Fotos der Dichter hinein wie sonst in ihre Geschichten. Ich ahne, wer ein Misanthrop und wer ein ausgebuffter Halunke ist, aber wie sehr kann man sich irren! Diesen Dichtern ist nie zu trauen, sie verändern die Wahrheit, sie beschreiben angeblich die Wirklichkeit, die es, wir wissen es, ja gar nicht gibt. Sie erklären uns

die Welt, die sie doch selbst nicht verstehen, und verdichten sie zu Geschichten. Sie bilden, sagt Goethe, aus Lüge und Wahrheit ein Drittes, dessen erborgtes Wesen uns bezaubert.

Ich habe ein Buch mit «Dichter-Portraits» aus dem 19. Jahrhundert. Es zeigt im Vergleich, wie Mode und Geschmack sich gewandelt haben. Auch die Fotografie hat sich gewandelt, aber geblieben ist genau das, was Lichtenberg schon sagte: «Die unterhaltendste Fläche auf der Erde für uns ist die vom menschlichen Gesicht.»

Säulen, Balustraden, drapierte Rosen, die bewusste ernste Pose sind verschwunden. Die Gesichter sind geblieben. Und Isolde Ohlbaum hat sie eingefangen. Listig, leise, klein hat sie sich angeschlichen, ich kenne das ja von ihr, nicht einmal meine Katzen sind irritiert durch ihre Anwesenheit. Plötzlich ist sie da, baut hier ein reflektierendes Tuch, da eine Lampe auf, sieht einen schön gemaserten Baum und dirigiert einen sanft in seine Nähe, sie arbeitet still, schnell, sagt nie: «Bitte recht freundlich!», weil es auf das Freundlichsein nun gar nicht ankommt. Sie lässt ihre Dichter an Stein- und Bretterwänden lehnen, verloren auf Bahnsteigen herumsitzen oder entspannt im Lesesessel, aber am liebsten, glaube ich, schickt sie sie in die Natur, und da lehnen sie dann, am Baum der Erkenntnis, von dem wir doch alle mal gegessen haben, und seitdem ist das Paradies so gründlich dahin. Wer weiß das besser als die Dichter. Viele der Fotos, das fällt auf, haben etwas Komisches. Jules Renard schreibt am 26. September 1908 in seinen Tagebüchern:

«Die Menschen darstellen! Was heißt das? Man müßte das Innerste malen, aber das sieht man nicht. Wir können nur das Äußere beobachten. (…) Die Kunst ist unerbittlich und

Isolde Ohlbaums Schriftstellerporträts | 185

macht auch vor keiner Tugend halt, und das Resümee all dieser Versuche, sich in Kunst auszudrücken, besteht darin, daß das Leben vor allem komisch zu sein scheint.»
Machen wir uns nichts vor: Fast alle, die Isolde Ohlbaum fotografiert hat, wussten in dem Augenblick, dass sie fotografiert werden. Das bringt eine gewisse spielerische Ironie in die Bilder. Wir haben es hier nicht mit so genannten Schnappschüssen zu tun. Niemand war in diesem Moment ganz und gar er selbst. Und war es doch. Und alles andere steht in den Gedichten und Romanen.

«Was bleibet aber, stiften die Dichter.»
Hölderlin hat Recht. Und Isolde Ohlbaum hält die Stifter im Bild fest. Sie macht uns damit ein Geschenk.

Vorwort zu *Autoren, Autoren* von Isolde Ohlbaum. Ars vivendi Verlag, 2000

Eine Reise mit der QE2 über den Atlantik

Meine Tagebucheintragung an dem Tag, als die Queen Elizabeth 2 in New York vom Hudson River aus ablegte, um den Atlantik zu überqueren: «Entsetzlich, entsetzlich, entsetzlich, tausend Leute, das Schiff viel zu groß, man findet nichts, und dann noch immer diese Pfeffermühlen, wie soll ich das eine Woche aushalten?»

Um diese Eintragung gleich zu kommentieren: Ja, der erste Eindruck war entsetzlich, und es waren nicht nur tausend Leute, sondern an die zweitausend, die da an der Reling in Dreierreihen standen, um die Ausfahrt aus Manhattan nicht zu verpassen, das heißt: um sie zu filmen. Filmen, filmen, filmen, fotografieren, was für eine Pest, anstatt selbst mit den Augen zu schauen! Jeder hat einen Apparat vor der Nase, niemand guckt mehr wirklich persönlich auf die Wolken und die Möwen und das Wasser. Zum hunderttausendsten Mal das World Trade Center knipsen, na, bitte schön, wenn es denn der Erinnerung dient. Wir müssen anscheinend immer Souvenirs und Fotos haben, um uns zu vergewissern, dass wir wirklich da waren. Wir trauen unseren Erinnerungen nicht mehr. Und wir müssen zu jedem Essen anderthalb Meter lange Pfeffermühlen hingehalten bekommen, die nur die speziell dafür ausgebildete und angestellte Fachkraft über dem Teller drehen darf. Ich hasse diese überdimensionalen Pfeffermühlen. Aber die lassen sich abbestellen. Und die zweitausend Leute am Stück, die sieht man danach sieben Tage lang nie wieder. Rund tausend sind Besatzung, rund tausendfünfhundert Passagiere,

Eine Reise mit der QE2 über den Atlantik | 187

und die liegen entweder seekrank in ihren Kabinen oder sie verschwinden im Fitnessraum, beim Friseur, im Theater, im Kino, sie sticken mit Elaine und steppen mit Ron, sie spielen zehn Stunden am Tag Bridge oder Bingo, sie zocken im Casino an gleich drei Roulettetischen, sie betrinken sich in der Crystal Bar, sie spielen Golf, Tennis oder sind im Swimmingpool, sie arbeiten in der Kreuzworträtselgruppe, machen den Hautpflegekurs im Yacht-Club oder lauschen der Harfenistin im Chart Room. Und ich liege an Deck, lese, und sehe fast allein die Wale und die Delphine vorbeiziehen, wen interessiert das schon, wenn Gene und Sharon im Computerraum doch gerade Kurse für Anfänger geben und man im Theater Schauspielunterricht nehmen kann und lernen, wie man Shakespeare rezitiert! Kunstunterricht mit Olga, Musik-Quiz mit DJ Phil, Origami mit Hostess Chisa. Alles hoch spannend, und da draußen, da ist ja nur das immer gleiche Meer, uninteressant. Dabei ist der Atlantik das Schönste an der ganzen Reise, er ist Zauber und Geheimnis, Überraschung und Kraft, er ist sanft und aufbrausend und immer stärker als wir. Auf dem Quarter-Deck wird jeden Tag die exakte Position des Schiffes angezeichnet, wir wissen genau, wann wir die Stelle passieren, an der die Titanic sank. Nachdenklich stehen wir hoch oben auf dem Boat-Deck, wo immer der Wind bläst und erinnern uns an den angeblich unsinkbaren Koloss. Der Atlantik würde, käme es wirklich drauf an, immer gewinnen. Er ist nie gleich. Er kann spiegelglatt und tiefgrün sein, wildbewegt und grau mit weißen Schaumkronen, die Sonne lässt ihn warm, der Mond kalt aussehen, der Himmel spiegelt sich in verschiedenen Farben darin, und er ist einfach viel, viel größer, als ich mir das je bei meinen Flugreisen vorstellen konnte. Sieben Tage lang schläft man mit ihm ein und wacht mit ihm auf, wir tanzen, essen, joggen an Deck, wir lesen dicke Bücher aus und besuchen drei Filme, zwei Konzerte, ein Broadwaymusical in dieser Zeit, und er ist immer da und wiegt uns in den Schlaf, und die QE2 ist beileibe kein langsames Schiff. Mit 32,5 Knoten rauscht sie dahin, das sind etwa 60 km/h, und das muss man erst mal können mit mehr als 70000 Tonnen. Sie ist – nehmen wir Kriegsschiffe aus – das größte und das schnellste Schiff, für Kreuzfahrten und tropische Stürme ebenso geeignet wie für Atlantiküberquerungen, das kann nur sie, nur die QE2. An Bord kann es interessant oder langweilig sein, wie im richtigen Leben, wie in einer richtigen Kleinstadt eben, aber der Atlantik ist immer direkt vor der Haustür, ist immer schön, ist nie langweilig, hat immer eine Überraschung parat, wenn man genau hinsieht – Zugvögel, ein entferntes Schiff, die Küste von Neufundland, einziges Land in all der Zeit und auch nur bei extrem gutem Wetter sichtbar, einen einsamen Wal mit meterhoher Fontäne, der fast unbemerkt vorbeischwimmt, während wir gebratene Entenbrust mit Honig und Thymianbratensaft, serviert mit Pfirsichen, Gemüsekroketten, Pastinakenpüree und Rosenkohl essen. Mittags fünf Gänge, abends fünf Gänge, mal leger gekleidet («informal»), meist in Abendgarderobe («formal»), das heißt, die Damen in Lang, die Herren im Frack, und da kann man dann auch endlich drei Pfund Schmuck zur geeisten mexikanischen Avocadosuppe mit Cayenne-Toast tragen. Vorher, in New York, war ich am leicht heruntergekommenen Strand von Coney Island, wo zerknitterte, schöne alte Russinnen im Sand sitzen, Papirossi rauchen und die letzten Perlen aus dem Familienschmuck zum Badeanzug tragen. Das hat etwas unendlich Rührendes, einen Hauch vergangener Eleganz. Der Millionenschmuck bei je-

Eine Reise mit der QE2 über den Atlantik | 189

der Mahlzeit auf der QE2 ist einfach nur grotesk, das klimpert und glitzert, und man denkt an John Lennon, der bei einem Konzert für Königs das Publikum in den hinteren Reihen gebeten hat zu klatschen, vorne reiche es, mit dem Schmuck zu rasseln.

Was für Leute machen so eine Schiffsreise? Ältere, zumeist. Sie sind glücklich, endlich den so genannten Lebensabend erreicht zu haben, und sie sind betucht genug, um ihn sich zu vergolden. Sie wollen etwas erleben, und das können sie völlig gefahrlos auf diesem Ozeanriesen, der eine Bibliothek mit 6000 Bänden genauso an Bord hat wie Masseure, Ärzte, eine Krankenstation, sogar Eintänzer für allein stehende Damen. Manchmal sind es einsame Menschen, die wissen, dass man hier auf jeden Fall soziale Kontakte hat, und eine Frau schimpfte auf ihre Kinder, undankbar, frech, nein, nichts sollen die erben, alles wird sie auf Schiffsreisen wie dieser verjuxen. Recht hat sie. Es sind mittelalte Leute wie ich, die so eine Überfahrt einmal erleben wollen, es sind Leute mit Flugangst, es sind reiche Amerikaner mit sehr schönen jungen Frauen, denen sie etwas bieten wollen und für die sie dann unermüdlich auf dem Tennisplatz herumspringen oder auch beim Juwelier an Bord schon mal für 20 000 $ Schmuck kaufen – abends bei Lammrippchen in Kräuterkruste mit Oreganobratensaft an glasierten Schalotten können wir die neuen Juwelen dann sofort bewundern.

Wenn das Schiff 300 Meter lang, 62 Meter hoch und 38 Meter breit ist, wie alt ist dann der Kapitän? Die alte Kinderfrage, und hier die beruhigende Antwort: tausend Jahre, mindestens. Wir lernen ihn beim traditionellen Captain's Cocktail kennen, Damen in Lang, *gentlemen are kindly required to wear a Tuxedo,* und ein südamerikanischer Frack kommt dann auch schon mal in schreiendem Lila daher. Es wurden Schotten in Röcken gesehen. Der Schönste ist sowieso immer der Kapitän, ganz in Meerestiefenblau und Schneeweiß und Kapitänsgold. Er hat einen gestutzten weißen Bart, und als die Gesellschaftsdame, die unser aller Namen erfragt, ihm zuruft: «*Mrs. Heinreick!*», sagt er mit tiefer Seebärenstimme: «*Welcome, Mrs. Heideick.*» Er sitzt nicht beim Fußballspiel vorm Fernseher wie gewisse Kapitäne gewisser griechischer Fähren. Er weiß, dass er hier den letzten, größten, schönsten Luxusliner segelt (ja, so nennt man es), den es noch gibt, und wir sind bei ihm gut aufgehoben. Wir sehen ihm an, dass er als Letzter in die reichlich vorhandenen Rettungsboote steigen würde. (Trotzdem habe ich Schwimmflügelchen gekauft und trage sie zur Belustigung der Passagiere bei stärkerem Seegang. «*Cunard never lost a life*», heißt das stolze Motto der Reederei, gut, dabei soll es bleiben.) Bis 1986 war die QE2 noch ein Dampfer, sie fuhr mit Kohle, später mit Öl. Jetzt ist sie umgerüstet als Elektroschiff, natürlich ist der imposante rotschwarze Schornstein geblieben. Er gibt dem Riesen die elegante Linie.

Vor der Reise hatte ich mir ein paar Folgen «Traumschiff» im ZDF angeguckt und große Angst bekommen, der gesamten Wussow- oder Wepper-Familie an Bord zu begegnen oder ständig in anderer Leute Familientragödien verwickelt zu werden, verschollene Patentanten wieder zu treffen, einen Blinddarmdurchbruch auf hoher See zu erleiden oder mich in einen Steward zu verlieben. Das alles muss ja nicht sein, oder? Und das alles war auch nicht. Man grüßt einander höflich, wenn man sich vom Vorabend aus der Bar wieder erkennt, und allenfalls weiß Mr. Condon, unser Tischnachbar, vor dem Essen noch einen Schotten-

Eine Reise mit der QE2 über den Atlantik | 191

witz. Sonst bleibt man allein. Bei einer Atlantiküberquerung läuft man auch keine exotischen Häfen an, bei denen man die Tänze der Eingeborenen betrachten bzw. filmen muss, und wo kein Landgang, da auch keine schicksalsschweren Affären und Verwicklungen, und an Deck, ach, da tut sich nicht viel, man ist so sehr rund um die Uhr beschäftigt. Da geht es uns anders als damals den Auswanderern, den Flüchtlingen vor den europäischen Kriegen. Die Ozeanriesen haben ja nicht nur Luxus transportiert, und auch die QE2 wurde während des Falklandkrieges kurzerhand umgerüstet – Konzertflügel raus, einige tausend Soldaten rein. Schließlich segelt man unter britischer Flagge, persönlich getauft im September 1967 von Ihrer Majestät QE II, deren unglaublich scheußliche Porträts und Büsten auf dem ganzen Schiff allgegenwärtig sind. (Wer die Post mit QE II adressiert, landet konsequent im Buckingham Palast. Hier gilt: QE2. Immer korrekt!)
Noch ein Wort zu den Herren Eintänzern, die so natürlich nicht heißen, sondern *gentleman hosts*: Es sind korrekte ältere Herren mit schneeweißem oder schwarz gelacktem Haar, die von der Reederei fest angemietet werden, um allein reisenden Damen den Abend, den Ball, den Cocktail an der Bar zu erleichtern. Es gibt nur wenig allein reisende Herren, und wenn es sie gibt, tanzen sie nicht und schauen höchstens hungrig jungen Blondinen hinterher, die aber immer in Begleitung sind. Doch all die properen und putzmunteren Sechziger- und Siebzigerinnen, was machen die beim abendlichen Tanz im Queens Room ohne Herren? Da kommt auch schon Herr Quinones herbeigeeilt, immer chic, immer höflich, brillanter Tänzer, mehrere Fremdsprachen, darf ich bitten? Und selig rauscht man davon. Nie gibt es heiße Küsse, übertriebene Flirts, Eheversprechen

oder auch nur den Gang in die Kabine mit diesen untadeligen Herren – es hätte ihre fristlose Kündigung zur Folge. Es ist einfach nur ein Service der Reederei, anachronistisch, seltsam, *very British* und, beobachtet man einen Abend lang das glückliche Treiben auf der Tanzfläche, irgendwie auch bezaubernd. Und Herr Quinones tanzt ...
Jeden Morgen wird eine kleine Zeitung unter der Tür durchgeschoben – die Weltnachrichten, die man via Satellit empfangen kann, sorgsam ausgewählt und gebündelt zu den News der Deutschen oder Englischen Rundschau. Oberbürgermeisterstichwahl in Köln! Villa von Sabine Christiansen auf Mallorca zum zweiten Mal ausgeraubt! Jenny Elvers schwanger! Jutta Scharping ohne Rudolf glücklicher als mit Rudolf! Polizei rät Beamten zum Verzicht auf Modeglatze angesichts der Rechtsradikalen! Das sind Themen, die wir beim Frühstück im Lido diskutieren können. Ansonsten ist man ziemlich wunderbar aus der Welt und unerreichbar – Faxe und Telefongespräche sind sehr teuer, Handys kriegen hier kein Netz, aber der Dicke mit dem Welttelefon und der Superantenne sitzt den ganzen Tag glücklich an Deck und schreit: «Herta? Ich bin's! Herrliches Wetter! Essen ist gut hier!» Nachts sehen wir ihn im Casino, und er verspielt Hertas Rente. In den ersten Tagen hat man genug damit zu tun, das Schiff kennen zu lernen, sich auf 300 Meter langen Fluren und zehn oder mehr Decks nicht mehr zu verlaufen, sich zu akklimatisieren. Man kommt aus dem Staunen darüber, was es alles gibt, nicht mehr heraus: eine chinesische Wäscherei, in der tatsächlich ausschließlich Chinesen die gesamte Schiffswäsche waschen, aber es gibt auch einen Waschsalon für die Passagiere. Da kann man sitzen und zusehen, wie die Joggingklamotten sich drehen. Es gibt katholische Messen, ge-

mischte Bibelstunden, auf Deck drei ist eine Synagoge. Bei Pastor Fitzpatrick können Paare ihr vor Jahren gegebenes Eheversprechen erneuern, aber ich glaube, der Vortrag von Steve über die Concorde, der ist ausgefallen. Ich finde eine Einkaufspassage und einen Blumenladen, und als ich die Küche besichtigen darf, lerne ich neben gigantischen Arbeitsflächen und Kühlräumen eine Wasseraufbereitungs- und eine Abfallzerkleinerungsanlage kennen. Chef über 170 Menschen in sechs Großküchen ist ein schmaler Österreicher, der wie ein Mathematikprofessor aussieht, und dem entspricht auch ungefähr seine logistische Arbeit. Wie weiß er im Voraus, was er alles einkaufen muss? Er weiß es eben, denn wenn mehr Amerikaner an Bord sind, müssen es mehr Steaks sein und bei vielen deutschen Passagieren eben ein paar Zentner Kartöffelchen mehr. Auf diesem Schiff wird den ganzen Tag gegessen, gefuttert, geknabbert, genascht, gespeist – entweder in einem der sechs eleganten Restaurants oder in einer der acht Bars oder im wintergartenähnlichen Lido hoch oben, wo ein frühes Büfett für die Jogger bereitsteht, ein spätes für die Langschläfer, ein Mitternachtsbüfett für die, die bis in den nächsten Tag hinein im Queens Room getanzt, im Lions Pub Karaoke geleistet, in der Chart Room Bar Jazz oder Skiffle gehört haben, die im Theater das Musical angesehen haben, die aus dem Casino wanken und auf dem Weg zur Kabine noch ein Cremeschnittchen mitnehmen wollen. Es nimmt kein Ende, und jeder nimmt zu. Und jeden Abend ein anderer Cocktail mit Häppchen, mal der Berühmteste mit dem Kapitän, dann der Lässige mit dem Hotel-Manager oder der Kernigste mit den Offizieren in ihrem echten alten Herrenzimmer. Man futtert nicht nur dauernd, man kippt auch dauernd etwas in sich hinein, und es ist irgendwann alles egal, wir fallen endlich ins hemmungslose Genießen und ordern den ersten Margarita schon morgens um elf. «Madame», sagt der Kellner, «darf ich Sie darauf aufmerksam machen, dass der Drink des Tages ein Harvey Wallbanger ist?» Also, her mit dem Harvey Wallbanger, Wodka, Orangensaft und Float Galliano. Es kommt nicht mehr drauf an, Kaffee gibt es rund um die Uhr, die Krankenschwester erkennt man immer an zwei gold-roten Uniformstreifen, und prost. Ich beginne, Mrs. King Friedman zu verstehen, die gerade zum wie vielten Mal? 157? doch schon 160? diese Reise mitmacht: Was soll sie an Land, hier hat sie alles, und alles eng beieinander und sehr komfortabel. Allmählich, am dritten Tag vielleicht, erwacht das Interesse an Aktivitäten. Soll ich lernen, wie man Servietten schön faltet und einen Tisch anständig deckt? Soll ich den Tanzkurs besuchen, Samba mit Warren und Daniella? Erwartet man von mir, dass ich am deutschen Kaffeeklatsch teilnehme? Oder soll ich Cartoonzeichnen lernen mit Robert und Victoria? Auf der Steuerbordseite wird Schach gespielt, die Rotarier treffen sich achtern, Trivial Pursuit wird vormittags in Vierergruppen gespielt, und alles über die INs und OUTs bei Vorstellungsgesprächen lernt man auf dem Boat-Deck Aufgang D. Wer auf diesem Schiff sein Leben nicht wieder fest in den Griff kriegt und der Zukunft gestärkt ins Auge blickt, dem ist nicht mehr zu helfen. Sänger, Pianisten, Erzähler, Tänzer sind an Bord, wir werden rund um die Uhr unterhalten, gebildet, ernährt, verschönert, und um 16 Uhr signiert Frau Heidenreich in der Buchhandlung ihre Bücher, *author on board* heißt dieses Programm, dem ich die Reise zu verdanken habe. Bei schaukelndem Seegang lese ich den wenigen Deutschen, die an Bord sind, meine Geschichten vor, dafür darf ich diese Reise kostenlos mitmachen. Es ist das erste

Eine Reise mit der QE2 über den Atlantik | 195

Mal, dass ich mich auf so ein Angebot einlasse, und die anfängliche Beklommenheit weicht schnell, ich fühle mich wohl, bedaure es, nur zwei Lesungen machen zu müssen, würde gern jeden Tag um 15 Uhr Geschichten vorlesen und über Bücher erzählen, und da hat er mich schon gepackt, der QE-2-Virus: Ich bin infiziert, ich fühle mich dazugehörig, schon ist es «mein» Schiff, und als es gewaltig tutend in Southampton einläuft, bin ich traurig, es bald verlassen zu müssen. Ich stehe ganz oben, etwa da, wo Kate Winslet auf der Titanic stand, und unter mir stürmen zehn? zwanzig? dreißig! Küchenjungen in Kochmützen und karierten Hosen aus der großen Küche, um alle an Deck mit ihren Handys nach Hause zu telefonieren, denn jetzt haben wir endlich wieder ein Netz. Die Welt hat uns zurück. Überall klingeln die Telefone, Koffer werden hin und her geschoben, dasselbe Gewusel wie in New York. Ein- und Ausschiffen sind desillusionierende, Kraft raubende Vorgänge. Aber unterwegs hat das Meer das Sagen. Es hat uns ruhig passieren lassen, das hätte auch ganz anders sein können. Herr Quinones erzählt vom Wirbelsturm Hugo, da lag alles krank darnieder, nein, Mrs. King Friedman nicht, die gewann da gerade im Casino, als die Wellen dreißig Meter hoch schlugen. Unsere Atlantiküberquerung hat uns eine Woche Ruhe geschenkt, ein Gefühl von Weite, eine Vorstellung davon, dass die Welt schön und groß ist. Ein Ozeanriese wie die QE2 ist ein emotionales Symbol: Ja, die Welt ist groß, auf dieser Reise sieht man es mehr als aus der Luft. Und wir sind klein und fahren von der alten Welt zur neuen oder umgekehrt. In New York, auf Ellis Island, kann man in einer eindrucksvollen Ausstellung sehen, welche Hoffnungen die Einwanderer mit diesen Ozeanüberquerungen verbanden. Für sie bedeutete das Aufbruch in ein ganz neues Leben – oder den sicheren Untergang. Wir fahren nur so, zum Spaß, umgeben von Kristall, feinem Porzellan, täglich frischer Bettwäsche und weichen weißen Bademänteln. Eine schwimmende Illusion, ein letzter, fast unverschämter Luxus in einer alles andere als luxuriösen Welt. Man darf es genießen, man muss es genießen, denn wenn wir alle ausgestiegen sind mit unseren Seidenkleidern, Fräcken, goldenen Ketten, mit unserem Gelächter und unserer Musik, wenn die Champagnergläser nicht mehr klirren und, ja, die überdimensionale Pfeffermühle nicht mehr knirscht, dann liegt er da, dieser 70 000-Tonner aus Stahl, und er ist still und tot wie ein Friedhof mit zwölf Etagen. Wir erst machen ihn lebendig. Und ach, ja: Wir machen es gern. Auf ein Neues! Ich schließe nicht aus, dass ich noch einmal mitsegele. Und sei es nur, um dann endlich auch mal mit Herrn Quinones zu tanzen …

Veröffentlicht in *Brigitte* 10/2001

Eindrücke aus Schottland

Irgendwie bin ich im Mai trotz aller Freude auf die Reise bangen Herzens nach Schottland aufgebrochen – ich habe die Bilder brennender Tierberge aus dem Fernsehen nicht vergessen. Die britischen Inseln sind heimgesucht von den Plagen, die wir kurz BSE und MKS nennen, aber es sind nicht nur die britischen Inseln, und es ist nicht nur das, was wir da sehen: Die Zeichen sind eindeutig. Wir alle müssen unser Verhältnis zu den Tieren und zur Natur gründlich überdenken, müssen unsern Fleischkonsum einschränken, müssen endlich lernen, dass Tiere keine Sache sind und dass Natur sich nicht unbegrenzt manipulieren und ausbeuten lässt. Das ist kein britisches, das ist ein weltweites Problem. Darum wäre es auch töricht, nun ausgerechnet den britischen Fremdenverkehr für etwas büßen zu lassen, das wir alle mit eingebrockt haben. Schottland ist auch während und nach der Krise schön, und es schien mir fast, als hätte ich während dieser Reise im Frühjahr mehr Lämmer und Kälber gesehen als je zuvor – als würde die Natur doppelt und dreifach zulegen, um uns wiederzugeben, was wir verloren haben. Mögen wir lernen, anders damit umzugehen!
Es ist wunderbar, Tausende von Lämmern über die noch struppigen Wiesen tollen zu sehen, die Kälber liegen neben ihren Müttern in der Sonne, die schmalen Landstraßen zwingen immer wieder zum Anhalten, weil Fasanenfamilien mitten auf der Fahrbahn stehen, Moorhühner gibt es wirklich und nicht nur im Internet, und zum ersten Mal habe ich auch Hirsche mit riesigen Geweihen in freier

Wildbahn gesehen. Nur Nessie, das Ungeheuer von Loch Ness, wollte sich einfach nicht blicken lassen – aber ein geheimnisvoller Schatten war da, das kann ich beschwören! Ich war nur im Norden, in den Highlands, und das ist eine Landschaft von überwältigender Weite und Schönheit – Himmel, Wasser, Wiesen und trockene Heide: Wie muss es da erst leuchten, wenn diese unermesslichen Heideflächen blühen! Die teils eleganten, teils klotzigen Schlösser und Burgen lassen ahnen, was die Clans sich hier einst für Schlachten geliefert haben müssen um Ruhm, Ansehen, Titel, Land. Ich war ein bisschen auf den Spuren des legendären Macbeth unterwegs, den es ja nicht nur in Shakespeares Phantasie gegeben hat, und ich sah ihn geradezu im ruppigen Hinterland von Brodie Castle auf Macbeth's Hillock stehen und auf das Blutbad schauen, das er angerichtet hatte. Jetzt war er fast am Ziel seiner Träume, nur der König musste noch erschlagen werden – in Schottland wird Geschichte lebendig, und die Phantasie tut ihren Teil dazu. Im Park des Palastes von Scone, wo früher die Könige gekrönt wurden, laufen Pfauen herum, einer heißt Macbeth. Auf dem Boden von Scone soll Macbeth, der sich nach den Vorhersagen der Hexen für unverwundbar hielt, verblutet sein. Die Bäume sind mit Flechten überwuchert, sehen alt und düster aus, etwas Dramatisches liegt über der Szene. Die Landschaft ist männlich, hier gibt es nichts Liebliches, und die vielen Dorffriedhöfe künden von früh verstorbenen Frauen und alt gewordenen Männern. Hinter Forres auf einem uralten, halb verfallenen Friedhof steht auf einem Grabstein: James Dean. Achtzig Jahre ist er geworden – aber es war natürlich nicht der James Dean ... Man heißt noch immer Mac – MacLeod, Mackenzie, MacDonald, sogar Macbeth. Und natürlich trägt man noch immer Schot-

tenrock und Tartan, und jeder Clan hat stolz sein eigenes Karo. Die Berge zeigen braune Rücken wie große verzauberte Bären, zwei Schritte vom Weg ab versinkt man nass im Moor, aber der Wind trocknet die Haut und die Pflanzen aus. Die Luft ist klar, trocken, man muss abends in den Kneipen, die leider so früh schließen, tüchtig trinken, und wieder sind es Männer, die einsam und ein bisschen betrunken zur Live-Musik tanzen. Das Ganze hat etwas Melancholisches, aber diese Melancholie ist nicht mild, sondern wild – jederzeit kann irgendetwas passieren, plötzlich schlägt das Wetter um, und der See wird schwarz.
Schottland ist aufregend, es ist lebendig, es verändert sich, während wir einen Wanderweg entlanggehen. Eine Kurve mehr, und plötzlich haben die Berge Schneekuppen. Eine lange stille Straße weiter, und aus dem Nichts taucht wieder ein Schloss auf, und im Park zeigt ein Falkner seine Eulen, Adler und Falken. Auf Schottland sollte man sich einfach einlassen, ohne allzu viel zu planen. Die nächste Überraschung ist immer gleich hinter der nächsten Ecke. Es ist völlig still, Hunderte von Hasen grasen auf einer Wiese, gerade will sich ein idyllisches Gefühl breit machen, da heult wieder der Wind los, und die Rebhühner fliegen auf. Wenn man es nimmt, wie es kommt, kann man in Schottland sehr glücklich sein. Ein gutes Hotel sollte man allerdings schon einplanen, denn die vielen Eindrücke des Tages geistern nachts durch die Träume, und da muss das Bett tröstlich sein. Das Hochmoor bei Lochindorb – ein bleifarbener See, eine Burgruine in seiner Mitte, kreischende Vögel, sonst: NICHTS. Geduldig wie ein schlafendes Tier liegt die Landschaft da, ist stärker als wir, löst alte Knoten in der Brust und lehrt uns die Ehrfurcht vor der Schönheit, die wir verloren oder zumindest vergessen haben. Man

findet zu sich selbst zurück, die Landschaft ist hier größer als das dumme kleine Ich, und abends im Cawdor Inn verraten die Schrotkugeln im gerösteten Fasan, dass er da draußen geschossen wurde und aus keinem Käfig stammt. Die Hausfrau Carolyn Hoffe, so lese ich, hat sich mit ihren fünf Schafen im Wohnzimmer verbarrikadiert, bis MKS vorbei ist. Wo der Teppich lag, liegt Stroh, und wir hoffen, dass Mrs. Hoffe damit durchkommt. Wir sind auf der Arche Noah, alle. Es geht ums Überleben. Das schöne, wilde Schottland lehrt uns, dass sich das lohnt.

Für eine Reisebeilage der *Welt am Sonntag*, Mai 2001

Oper ist Aufruhr
Eine Liebeserklärung

Mitte der fünfziger Jahre, ich war dreizehn Jahre alt, habe ich meine erste Oper gehört. Das war in Essen, nicht lange nach dem Krieg, der die Städte und die Eltern zerstört hatte. Die Väter waren an Leib und Seele beschädigt aus Russland, Frankreich, Italien zurückgekommen; die Mütter hatten in den Bombennächten Zärtlichkeit verlernt, Schönheit galt gar nichts, Poesie war unbekannt, Wiederaufbau hieß das Zauberwort. Wir im Krieg gezeugten und geborenen, höchst überflüssigen Kinder hatten unsere Schulaufgaben zu machen und ansonsten den Mund zu halten. Eine Seele, eine Sehnsucht, eine eigene Meinung wurde uns nicht zugestanden, nicht zuletzt darum sind wir ja dann 1968, mit Mitte zwanzig, so entschieden explodiert.
Wie hätte ich in den fünfziger Jahren in Essen wissen sollen, was eine Oper ist? Für so etwas war kein Geld da. Ich hatte Akkordeonunterricht bei einem alten Nazi, der mir Marschmusik wie «Alte Kameraden» oder das Horst-Wessel-Lied beibrachte. Weihnachten musste ich das den Vätern, Onkeln, Großvätern vorspielen, und dann redeten sie von Polen und ihren entsetzlichen Abenteuern. Ich besorgte mir andere Noten und spielte «Am Dorfbrunnen» oder den «Evchen-Walzer». Das eine war so trivial wie das andere, aber wenigstens hörten hier die Männer nicht zu, sondern die Mütter und Tanten wurden für wenige Momente weich und gerührt.
Und dann nahm mich eine Freundin mit in die Oper. Das war der Tag, an dem eine lebenslange Liebe begann, und

kein noch so vernünftiges Argument gegen die Oper, diese unvernünftigste aller Gattungen, kann meinen Kopf erreichen. Die Oper erreicht nur mein Herz, und das Herz diskutiert nicht.

Es war die *Zauberflöte*. Natürlich habe ich damals den tieferen Sinn der Geschichte nicht verstanden. Ich glaube, ich habe auch die meisten Texte nicht verstanden, denn das muss man ja erst lernen: auf Worte zu hören, die gesungen werden und zu denen ein Orchester – sehr laut – spielt. Ich hatte noch nie eine Koloratur gehört, aber ich habe sofort gefühlt, was das ist: sinnlicher Überfluss. Verschwendung. Tanz mit Tönen. Ich war schon bei der Ouvertüre wie verwandelt. Ich hörte hier zum ersten Mal Musik im Dunkeln, in diesem Saal, in diesem Augenblick für mich gespielt. Welch ein unbeschreiblicher Luxus! Dann öffnete sich der Vorhang, ein Mann kam und sang: «Zu Hilfe, zu Hilfe, sonst bin ich verloren!» Das war genau der Schrei, der schon so lange in mir steckte. Er sprach ihn aus, und so etwas kann man nicht einfach aussprechen, man muss es wohl singen.

Zu Hilfe, zu Hilfe, sonst bin ich verloren! Die Oper kam mir zu Hilfe, darum war ich damals, in dieser Zeit mit diesen Eltern, in dieser Stadt, eben nicht mehr verloren. Und dann lief das Märchen ab, alles war unwirklich und war doch genau das, wonach ich mich immer gesehnt hatte: Poesie, Geheimnis, Rätsel, Liebe, Schönheit, Anmut, starke optische und akustische Eindrücke, Erschütterung. Ich habe die ganze Zeit geweint, nicht, weil es so traurig gewesen wäre, sondern weil ich so erschüttert war. Kurz nach diesem Opernbesuch habe ich mich zum ersten Mal verliebt – es war, als wäre mein Herz geöffnet worden –, und danach begann auch das Verhältnis zu den Eltern zu bröckeln, schlechter zu werden, weil ich nicht mehr wollte, dass ihre Welt meine Welt war. Ich hatte etwas anderes gesehen und war für immer die verlorene Tochter der Königin der Nacht.

In dieser Zeit las ich auch das Buch, das für immer mein Lieblingsbuch bleiben sollte: *Das Herz ist ein einsamer Jäger* von Carson McCullers. Darin gibt es ein Mädchen namens Mick, das so auf der Suche nach Ruhe und Schönheit, nach einem Platz außerhalb von Familie, Krach, Geschrei ist, wie ich es damals im zerstörten Essen auch war. Mick schleicht sich abends in die reicheren Stadtteile, setzt sich unter die offenen Fenster und hört der Musik zu, die dort aus den Radios kommt: «Einige Melodien waren irgendwie schnell und wie Glöckchen, und eine andere war so, wie es in einem Frühling nach dem Regen duftet. Aber alle diese Melodien machten sie gleichzeitig irgendwie traurig und erregt. Sie summte eine der Melodien, und ihr kamen die Tränen. Die Kehle wurde ihr eng und rau, sie konnte nicht weiter singen. Rasch schrieb sie den Namen des Mannes ganz oben auf ihre Liste: Motsart.»

Auch für mich war er der Initiator: Mozart. Ich hatte, im Gegensatz zu Mick, ein Programmheft, da stand sein Name richtig geschrieben, da wurde mir die Geschichte von Tamino und Pamina erklärt. Mick musste später im Leben alle Träume begraben so wie alle Figuren in diesem traurigen Buch, das eine 23-jährige, bis dahin unbekannte Autorin geschrieben hatte, die damit Weltruhm erlangte. Ich hatte mehr Chancen als Mick, und eine meiner Chancen ist und war von Anfang an die Oper, die mir geholfen hat, weiter zu träumen und mich nicht nur mit Realität, mit dem, was schlüssig ist, mit Erklärungen abspeisen zu lassen. Diese erste *Zauberflöte* hat mein ganzes Leben verändert.

Das ist mehr als vierzig Jahre her, aber es wirkt noch immer. Seitdem habe ich, wann immer ich Geld, Zeit, Gelegenheit hatte, die Oper besucht, in jeder Stadt, wirklich wahllos; ich suche mir weder die Komponisten und ihre Jahrhunderte, weder die Dirigenten noch die Sänger noch die Stücke aus. Ich habe natürlich Lieblingsopern, in die ich immer und immer wieder gehe, und es gibt Komponisten, mit denen ich seit Jahren ringe, aber ich lasse niemals locker. Ich habe hinreißende und grauenhafte Inszenierungen gesehen, weltberühmte und gänzlich unbekannte Sänger, brillante und lahme Orchester gehört – der Zauber wirkt immer: Mein Herz öffnet sich, Schmerz, Liebe, Tod bekommen einen anderen Stellenwert, denn in der Oper ist alles möglich, weil alles unmöglich ist. Hier gelten andere Maßstäbe. Alle gelernten Regeln treten außer Kraft.

Die Oper ist ein Missverständnis, an Fürstenhöfen aus der Nachahmung antiker Tragödien entstanden und dann bis in die Bürgersäle gewandert. Da sitzen wir nun, und in zwei, drei Stunden werden uns Geschichten von Nibelungen, Kleopatra, Don Giovanni, von Macbeth, Faust oder dem Meister und Margarita erzählt. Erzählt? Sie werden gesungen! *Don Giovanni* serviert uns in den ersten Minuten Vergewaltigung und Mord, und dazu wird gesungen! Oder nehmen wir Verdis *La traviata*: Der Text ist auch hier italienisch, es singen Kanadier, Koreaner, Deutsche in einer ihnen fremden Sprache, man versteht kein Wort. Die Sänger haben selten gelernt, sich auf einer Bühne so zu bewegen wie Schauspieler, und doch müssen sie spielen. Violetta ist ziemlich korpulent, und mit dieser Figur singt sie vom Tod an der Schwindsucht. Wer soll das alles glauben?

Die Oper ist keine Sache von Glauben. An diesem Kunstwerk endet alle Logik. Die Oper ist ein Widerspruch in sich. Das kann gar nicht funktionieren, was da allabendlich passiert – und doch: wie wunderbar! Es ist wie mit der Hummel, die aerodynamisch gesehen ja eigentlich nicht fliegen kann, aber weil sie es nicht weiß, fliegt sie trotzdem. Alles Nachdenken über die Oper, alles feinsinnige Analysieren bringt nichts. Auf die Oper muss man sich einlassen, die Oper darf man nicht an der Wirklichkeit messen. Sie ist Einbildung, Illusion ganz und gar: eine zusammenhängende Musik, die keine wirklich zusammenhängende Musik ist, sondern zerfällt in Ouvertüren, Arien, Zwischenspiele, Rezitative; eine Handlung, in der Hochdramatisches auf kürzesten Zeitraum zusammengedrängt wird; eine Sprache, die noch im gelungensten Fall immer hinter der Musik zurückbleibt und oft lächerlich ist, denn die Wörter müssen sich nach der Musik richten, und die Musik gewinnt immer. Darum hat die italienische Oper, die von der Musik ausgeht, die französische besiegt, die vom Text her konzipiert wurde. Die Dekoration ist falsch, der Ballsaal ist bemalte Pappe, der Sekt in den Gläsern ist so unecht wie Violettas Kamelie, ihr Tod ist vorgetäuscht. Menschen, die sich doch sagen könnten, dass sie sich lieben, singen sich an – lächerlich.

Dass es eben nicht lächerlich ist, das macht die Musik. Orpheus hat eine Tote ins Leben zurückgeholt – mit seiner Musik. Fast – er hat ja seiner eigenen Kunst nicht getraut und sich nach Eurydike umgesehen und sie deshalb wieder verloren. Da ist er wieder, der Baum der Erkenntnis – wir wollen alles wissen und erklären, ja, und dann ist das Paradies dahin. Die alte Geschichte! An der Oper will ich einfach nicht zu viel herumerklären. Ich will sie in mich aufnehmen, ich will mich ihr ausliefern, ich will, dass sie sich für mich verschwendet. Natürlich hatte Johann Christoph

Gottsched Recht, als er sagte, die Oper sei das ungereimteste Werk, das der Verstand sich je ausgedacht habe. Aber Gottsched wollte ja auch eine Kunst, die mit vernünftigen Prinzipien danach trachtet, den Menschen moralisch zu bessern. Die Oper bessert jedoch nicht, sie befreit. Und Befreiung ist immer Aufruhr, ist immer auch revolutionär. Für mich ist die Oper nicht die verstaubteste Kunstform, wie uns so viele Opernverächter einreden wollen, sondern die modernste. Hier wird das Aberwitzige auf die Spitze getrieben, und die Leidenschaft wird angefacht. Die wilde Ungereimtheit der Oper ist kühn und verführt zur Kühnheit. Endlich lässt sich einmal nicht alles erklären und zergliedern, endlich sehe ich wieder mit ganzer Wucht, was das ist: ein Mensch und seine ihn herumwirbelnden Gefühle. Oper ist Aufruhr.
Keine Kunst erreicht uns so unmittelbar und direkt wie die Musik, und dass die meisten Opernfiguren anachronistische Gespenster sind – na und? Geht es im Leben immer nach begreifbaren psychologischen Regeln zu? Leben und Liebe, diese ewigen Baustellen, spiegelt die Oper im Brennglas wider. Die Oper ist der Traum, den wir vom Leben träumen, hier lassen wir Illusionen zu, sinnliche Nähe, die Verschwendung von Gefühlen. Hier endlich. Es ist schön, weil es unmöglich ist. Und auf das Unmögliche muss man sich einlassen. Wer dazu nicht bereit ist, wird die Oper nicht begreifen, denn zu begreifen ist sie nicht. Ihren Mythos muss man bis in die Knochen fühlen, noch in der jämmerlichsten Inszenierung, denn nur in den seltensten Fällen bilden Sichtbarkeit und Hörbarkeit der Oper eine harmonische Einheit. Dann ist das Glücksgefühl des Zuhörenden, des Zuschauenden unbeschreiblich. Ich messe die Oper nicht mit dem Verstand, ich kann das nicht. Ich kann

Einzelheiten kritisieren. Ich leide, wenn wieder mal einer nicht begreift, welche emotionale Sprengkraft in *Fidelio* steckt, und ein langweiliges Kerkerdrama herunterinszeniert, aber ich bin sofort bereit, Don Giovanni als mordenden Wüstling in die Bronx zu versetzen. Wie auch immer eine Oper inszeniert wird: Ich lasse mich auf das Angebot ein, finde es am Ende akzeptabel oder nicht, aber immer, immer kapituliere ich letztlich vor der Intensität, vor der Kraft, vor der Irrationalität der Töne, die ich mit meinem Kopf einfach nicht fassen kann. Sie überwältigen mich, und von dieser Gewalt bleibt nach jedem Opernbesuch etwas als Kraft in mir zurück.

Die Oper ist ein Experiment, das schon vier Jahrhunderte andauert. Sie wurde oft totgesagt, sie hat sich immer wieder gewandelt und verändert. Ihr Geheimnis ist nicht zu entschlüsseln. Und ihr Geheimnis hat auch mit dem Besuch des Opernhauses zu tun. Ich kann mir zu Hause bequem eine klangtechnisch exquisite CD auflegen, ich muss mich dazu nicht umziehen, keinen Parkplatz suchen, nicht neben hustenden Nachbarn sitzen. Ich kann großartige Operninszenierungen im Fernsehen sehen und hören – es wird nie dasselbe sein wie der Moment im dunklen Raum, in dem der erste Ton erklingt, in dem mir die Ouvertüre die Geschichte erzählt, die Melodien andeutet, die ich – gleich danach – als Arien wiederhören werde. Warum wirkt das so intensiv? Weil wir es brauchen. Weil es keinen anderen Ort mehr gibt, der uns so körperlos und schwerelos sein lässt, der uns für einen Moment die eigene Geschichte derart gründlich abnimmt und eine andere erzählt.

Reich' mir die Hand, mein Leben. Ja, immer. Die Oper, dieses *beau monstre*, dieses schöne Monster, ist das legendäre Einhorn. Wir haben es nie gesehen, aber wir wissen, es ist da als Symbol unserer Sehnsucht. In der Oper ist nichts wahr, aber alles ist wahrhaftig, und weil die Oper im Grunde unmöglich ist, darum ist sie so unverzichtbar schön.

Veröffentlicht in *Oper aktuell*.
Die Bayerische Staatsoper, 2001/2002

Die Lyrikerin Christine Lavant

Als ich fünfzehn Jahre alt war, hatte ich ein dickes Schulheft, in das ich mit grüner Tinte und Kinderschrift Gedichte schrieb, die mir gefielen. Kästner ist noch dabei und schon Rilke, natürlich Goethe noch, aber auch schon Benn, noch Mascha Kaléko und schon, plötzlich mitten im Heft, Christine Lavant:

«Der Mondhof war noch nie so groß,
im Süden kämpft die Regenzeit,
der Herr hält seinen Zorn bereit
und lässt gewiss die Hunde los,
sobald ich etwas träume.»

Ich wusste damals (und noch lange Jahre danach) nicht, wer Christine Lavant war, und gewiss habe ich ihre dunklen, mit Metaphern gespickten Gedichte mehr erfühlt als verstanden. Aber da war ein Ton, der mein Herz so traf, wie es nur die beiden intensivsten aller Künste können – die Musik und die Poesie. Ich war damals auf der schwierigen Schwelle vom Kind zum Erwachsenwerden, und heute denke ich: Da war auch Christine Lavant, und zwar ihr ganzes Leben lang. Sie ist als Christl Thonhauser im Lavanttal behütet aufgewachsen – zwar bitterarm, acht Menschen eng und oft hungernd in einem Raum, aber von Liebe umgeben, und nie wieder fühlte sie sich später so geborgen wie in dieser Kindheit. So ist sie ein bisschen Kind geblieben, ein großes, einsames, altes Kind, klein, zart, mit dieser brüchigen Stimme, diesen riesigen Augen, immer krank, immer am Rand des Zerbrechens, aber mit der Kraft dieser Sprache.

«Vielleicht ist alles gar nicht wahr,
was mich so sterbenselend macht?
Die Hoffnung hängt an einem Haar
im zotteligen Pelz der Nacht.»

In vielen ihrer Gedichte spielen Nacht und Mond zentrale Rollen – Christine Lavant, skrofulös, halb blind, halb taub, litt unter anderem an einer Lichtempfindlichkeit, die ihr nur Aufenthalt im Dunkeln erlaubte – eine Kindheit im Schatten und in tiefer Armut. Das Leiden war die Grunderfahrung ihres Lebens, das Schreiben der Versuch, sich damit auseinander zu setzen: «Überhaupt ist mir das Dichten so peinlich», schrieb sie in einem Brief 1962. «Wäre ich gesund und hätte sechs Kinder, um für sie arbeiten zu können: Das ist Leben! Kunst wie meine ist nur verstümmeltes Leben ...»
Was für eine starke Person muss diese schmale, kleine Arbeitertochter gewesen sein!
Christine Lavant konnte kaum zur Schule gehen, verbrachte viel Zeit in Krankenhäusern, auch in der Psychiatrie, kämpfte gegen Depressionen, schrieb dagegen an. Ihre Intelligenz steht neben einer ganz ungewöhnlichen Sensibilität, ihr Leiden macht sie zur Mitleidenden der geplagten Natur, der misshandelten Tiere, des tief einsamen Menschen.

«Wie pünktlich die Verzweiflung ist!
Zur selben Stunde Tag für Tag
erscheint sie ohne jede List
und züchtigt mich mit einem Schlag.»

Die Lyrikerin Christine Lavant | 211

Mit fünfzehn war ich auch verzweifelt. Ich weiß noch, wie sehr mich damals diese Gedichte erreicht und getröstet haben. Und mehr als vierzig Jahre später hörte ich jetzt zum ersten Mal die Stimme der Lavant, sie las einige ihrer Gedichte, und wieder hat es mich bis ins Herz berührt, und als man mich fragte, ob ich ein paar andere Texte von ihr lesen möchte, habe ich, ohne zu überlegen, ja gesagt. Die Angst vor dieser Aufgabe kam erst später. Ich kann diese Gedichte nicht lesen wie eine Schauspielerin. Ich kann sie schon gar nicht lesen mit dieser unglaublichen Stimme wie die Dichterin selbst. Ich kann sie einfach nur lesen, damit Sie sie hören und vielleicht einen Zugang zu dieser rätselhaften, vielschichtigen Lyrik bekommen, die, auch wenn wir sie nicht in allem entschlüsseln können, einen uralten, wahren Ton in uns anschlägt – die Sehnsucht nach dem verlorenen Paradies, der Einheit von Mensch, Tier, Natur –

«Herz, löse hier den Hausstand auf
und ziehe in den Mond hinauf,
dort leben lauter Narren.»

Elke Heidenreich, Mai 2001, als Text fürs Booklet
der CD *Die Bettlerschale*, Gedichte von Christine Lavant,
HÖR Verlag

«Ich bin ein glücklicher Mensch»
Inge Feltrinelli

Mailand, via Andegari, gleich neben der Scala und der via Giuseppe Verdi. Hier stehen nur gediegene, alte Stadtvillen mit imposanten Dachterrassen und geheimnisvollen Innenhöfen.
Man fährt mit dem Fahrstuhl in den 4. Stock und landet im Verlag Feltrinelli. Im Flur hängt ein strahlend schönes Riesenfoto von Che Guevara, er lacht, und auf dem Foto steht: *Bisogna essere duri senza mai perdere la tenerezza* – man muss hart sein, ohne je die Zartheit zu verlieren. Gerade als ich ankomme, geht Che Guevaras blonde (!) Tochter Celia. Die Bücher ihres Vaters wurden und werden bei Feltrinelli verlegt. Aus ihrer Wohnung gleich nebenan trabt Inge Feltrinelli herbei, sie geht immer schnell, nichts an ihr ist langsam und so, wie man sich eine siebzigjährige Dame der besten Gesellschaft vorstellen würde. Sie trägt wie eh und je sehr hohe Absätze, ihre Lieblingsfarben sind immer noch knallig: Rot, Orange, Gelb, Pink. Ihre Ohrringe schaukeln, ihre schmalen Augen funkeln, sie sieht mich vor dem Foto mit dem wunderbaren Satz, und als ich Stunden später gehe, kriege ich von ihrer Sekretärin eine Kopie des Fotos eingepackt mit nach Hause, damit ich mir den schönen Spruch auch wirklich merke. Er passt auch auf sie: Sie ist eine knallharte, professionelle Geschäftsfrau, die weiß und auch durchsetzt, was sie will, aber um sie ist nicht Härte, sondern Wärme, Lachen, Offenheit, Großzügigkeit. Der Verleger Klaus Wagenbach, einer ihrer Freunde, sagte mir feixend: «Inge ist immer höflich, aber

wenn sie jemanden nicht mag, stets schön deutlich schneidend.»

Am Abend, als wir zusammen zu einem Abendessen für Franco Zeffirelli gehen, der in diesen Tagen in Italien wegen einer grandiosen Aida-Inszenierung und einer Ausstellung gefeiert wird, kann ich mich davon überzeugen. Rechtskonservative Zeitungsverleger im Berlusconi-Gefolge lässt Inge Feltrinelli wohlerzogen schneidend abblitzen, indem sie ihnen ihr Händchen zum Kuss hochreicht, ohne eine Miene zu verziehen oder ein freundliches Wort zu sagen. Mir raunt sie zu: «Den stell ich jetzt nicht vor, der ist zu blöd.» Und als anderntags beim Mittagessen bei unbeschreiblich steinreichen Verlegern – sie schleppt mich in diesen Tagen überall mit hin – eine ebenfalls unbeschreiblich reiche, aber steindumme amerikanische Dame nicht weiß, wer Inge Feltrinelli ist, lässt sie sie fröhlich auflaufen. Das wisse sie nicht? Sie sei doch Primaballerina an der Scala, noch mit siebzig müsse sie jeden Abend tanzen, ja habe man sie denn da noch nie auf der Bühne gesehen?, und sie funkelt mir vergnügt zu.

Dabei hat es sie nicht gestört, dass tatsächlich mal jemand nicht wusste, wer sie war – in Italien kennt man die quirlige bunte Signora Feltrinelli –, sondern dass diese Amerikanerin nicht wusste, wer oder was Feltrinelli ist. Der Name steht für etwas, und das nicht nur in Italien. Er steht für einen der letzten unabhängigen, engagierten, kritischen Literaturverlage mit linksintellektuellem Einschlag, den drittgrößten Italiens, einem Land, in dem erschreckend wenig gelesen wird. Rund 60 Prozent aller Italiener kaufen nie im Leben ein Buch. Inge Feltrinelli arbeitet daran, dass sich das ändert. Ihr Mann Giangiacomo Feltrinelli hat den Verlag 1954 gegründet, als ein aus der konservativen Familientradition ausscherender, schwerreicher Industriellensohn. Das erste Buch im Verlag war die Autobiographie des indischen Politikers Nehru, dann gelangen rasch zwei weitere Coups: Feltrinelli konnte die Weltrechte eines Romans namens *Doktor Schiwago* erwerben, der Autor hieß Boris Pasternak. 1957 erschien sein Buch in Italien – 1988 erst in der Sowjetunion! Ein Jahr später druckte Feltrinelli Giuseppe Tomasi di Lampedusas *Der Leopard*, ein weiterer Welterfolg, und man wurde aufmerksam auf den dynamischen jungen Verleger mit dem sicheren literarischen Gespür.

Im Haus des deutschen Verlegers Ledig-Rowohlt traf der intelligente, bescheidene, schüchterne junge Feltrinelli ein quirliges Mädchen aus Göttingen, Inge Schönthal, die gerade dabei war, als Fotoreporterin berühmt zu werden. Ledig-Rowohlt hatte sie unter anderem nach Kuba geschickt, wo sie für den Verlag Hemingway mit Riesenfisch und dem alten Fischer Gregorio Fuentes fotografiert hatte, der später in dem Buch *Der alte Mann und das Meer* verewigt wurde. Fuentes lebt noch, er ist angeblich mehr als hundert Jahre alt.

Inge Schönthal verliebte sich auf der Stelle in Giangiacomo Feltrinelli und ging mit ihm nach Mailand – als seine Frau. Von einem Tag auf den anderen hängte sie den Beruf als Fotoreporterin an den Nagel. Sie hat die Garbo fotografiert und Gary Cooper, Anna Magnani, Audrey Hepburn (der sie als junges Mädchen selbst ein wenig ähnlich sah) und Picasso, Kennedy und Churchill, Simone de Beauvoir und Fidel Castro, wie er mal nicht in Uniform, sondern im gebügelten weißen Schlafanzug am Schreibtisch sitzt und Manuskripte liest. Von der Technik, sagt sie heute, hatte sie nie eine Ahnung. Sie hat einfach draufgedrückt, wenn sie den Moment für richtig hielt. Ich will das Klischee der Frau, die

wieder mal nichts von Technik versteht, nicht einfach so durchgehen lassen und frage pflichtschuldig nach, ob wir denn in technischen Dingen wirklich dümmer als die Männer wären? «Nein», lacht sie, «die Männer sind dümmer. Die verstehen bloß Technik, haben aber keine Intuition.» Dieses wunderbare Selbstbewusstsein ist es, was auch noch die siebzigjährige Inge Feltrinelli strahlen und jeden Tag ihres Lebens genießen lässt.
Nachdem sie ihre Karriere als Fotoreporterin aufgegeben hatte, stürzte sie sich mit ihrem Mann zusammen ins Verlegerleben. «Leidenschaft», sagt sie, «Leidenschaft ist wichtig. Und meine Leidenschaft sind und waren immer die Bücher.»
Inge war die dritte Frau Feltrinelli. Nach ihr gab es noch eine vierte, aber als Feltrinelli 1972 unter ungeklärten Umständen bei einem Terroranschlag in der Nähe eines Strommastes ums Leben kam, war sie es, die den Verlag weiterführte. Heute leitet sie ihn zusammen mit ihrem Sohn Carlo, der beim Tod des Vaters gerade zehn Jahre alt war. Er ist ein stiller, bescheidener, intelligenter Mann, hat ein bewegendes Buch über seinen Vater geschrieben und scheint ihm sehr zu ähneln. Sie ist die quirlige «Präsidentin», sie reist unermüdlich im Land herum und kümmert sich um die 76 Buchhandlungen, die es unter dem Namen Feltrinelli mittlerweile in allen wichtigen italienischen Städten an den besten Plätzen gibt und die das ökonomische Rückgrat des Verlages sind.
Inge Feltrinelli verschreckt Traditionalisten. Einmal hat sie in den Sommermonaten Bücher nach Gewicht verkaufen lassen. «Was kostet mehr? Ein Kilo Hummer oder ein Kilo Moravia? Ein Kilo Shakespeare oder ein Kilo Spargel?» Der Slogan schlug ein, die Leute kauften im flauen Juli in den

Feltrinelli-Läden tatsächlich die Bücher kiloweise. Inge Feltrinelli und ihr Sohn haben fast alle Schlüsselpositionen in Verlag und Läden mit Frauen besetzt. Sie arbeitet gern mit Frauen zusammen, sie kann Freundschaften pflegen – zu ihrem 70. Geburtstag reiste aus Göttingen ihre alte Schulfreundin an, die noch zu ihr gehalten hatte, als man Inge Schönthal, Tochter eines Juden, damals von der Schule geworfen hatte. Auch das erzählt sie ohne Bitterkeit, aber mit Stolz auf ihre Mutter, die nach dem Krieg sofort dafür sorgte, dass nun seinerseits der verantwortliche Schuldirektor gefeuert wurde. Zivilcourage hatte in dieser Familie immer schon Tradition.

«Was ist wichtiger für eine Frau», frage ich, «Intelligenz, Schönheit oder Humor?» – «Humor», kommt, ohne zu zögern, die Antwort. Aber, meint sie, Intelligenz kann nicht schaden, und Schönheit ist ohnehin relativ. Nie würde sie sich liften lassen, aber nicht aus Stolz auf ihre Falten («Meine Freundinnen sind alle geliftet und sehen viel besser aus!»), sondern weil sie keine Vollnarkose herausfordern will, ohne wirklich krank zu sein – eine für Inge Feltrinelli ganz typische, handfeste Position.

Carlo kommt herein, registriert, dass seine Mutter mal wieder interviewt wird, und spottet: «Ach, mal wieder was fürs Ego?», und sie lacht darüber. Ja, das braucht sie, dass man sie bemerkt und sich für sie interessiert, aber sie gibt es auch zurück. Inge Feltrinelli vermittelt Frauen ein sicheres, gutes Gefühl, gemocht zu werden. Da ist kein Hauch von Abschätzen, Aggression, Misstrauen in ihrem Wesen, und wenn sie ohne Punkt und Komma erzählt, könnte ich stundenlang zuhören.

Sie erzählt von der Karawanserei, die immer durch ihr Haus zog – Grass war da, Henry Miller und die Gordimer,

«Ich bin ein glücklicher Mensch» | 217

Dutschke fand Zuflucht nach dem Attentat; neulich bei ihrem 70. Geburtstag hat sie bis drei Uhr früh mit Umberto Eco getanzt. Die Schriftsteller Naipaul und Richard Ford rufen an, während ich da bin, und von Claudia Cardinale und der Loren erzählt sie so beiläufig wie unsereins von Schmidt und Müller.

Inge Feltrinelli spricht schnell, und ins Deutsche mischen sich englische und italienische Wörter. Welchem Land oder Ort fühlt sie sich zugehörig, Deutschland, Italien, New York? «Ich bin Mailänderin», sagt sie. Aber: «Ich nehme mich nicht so wichtig, das ist das Deutsche an mir.» Oh! Ich protestiere und finde, gerade wir Deutschen nehmen uns unendlich wichtig, aber sie meint das im Hinblick auf Statussymbole, auf gesellschaftlichen Glamour. Die italienische Frau sei sehr auf Wirkung aus, schon zum Einkaufen morgens Designerjeans, ein Tausend-Mark-Kaschmirpullöverchen und einen Zobel. Das gibt es bei Inge nicht, schon gar keine echten Pelze. Es gibt fröhlich bunte Eleganz von der Stange, und durch die teure via Monte Napoleone fährt sie zum Einkaufen auf dem Fahrrad, wie weiland Königin Juliana durch Den Haag.

Inge Feltrinelli ist die Königin von Mailand, und wo sie auftaucht, knallen die Champagnerkorken. Es ist ein Wind um sie, Bewegung, Lebenslust, Grandezza. Aber das täuscht darüber hinweg, wie hart Inge Feltrinelli für den Verlag arbeitet. Sie hat zahlreiche Orden, Verdienstkreuze, ist Ehrendoktorin, aber sie ist vor allem Literaturvermittlerin, Freundin der Autoren, eine Persönlichkeit, wie es im Verlagsgeschäft nur noch wenige gibt. «Man muss wissen, was wichtig ist», sagt sie. Und was wichtig ist, muss man genießen und sich bewahren: Freundschaften, Bücher und «diese eine große Liebe, von der man sich nie mehr erholen kann» – seit 30 Jahren ist Giangiacomo Feltrinelli jetzt tot. Ihre Wohnung voller Bilder, Blumen, Bücher, bunter Kissen, weicher Teppiche, auf denen Dackel Enzi aus Göttingen und zwei vergnügte kleine Enkel herumspringen, spiegelt den inneren und äußeren Reichtum einer Frau, die von sich sagt: «Ich bin ein glücklicher Mensch.»

Das kann nur jemand sagen, der auch klug genug ist zu wissen, was Schmerz heißt und was, damit fertig zu werden.

Veröffentlicht in Brigitte extra. Beilage zu Heft 21/2001

«Adressat unbekannt»
von Kressmann Taylor

Immer, wenn ich vom millionenfachen Tod der Juden im Dritten Reich lese, immer, wenn ich die Bilder von ausgemergelten Menschen sehe, die stumm hintereinander her ins Verderben gehen, kommt mir eine Zeile aus einem Gedicht von Dylan Thomas in den Sinn. Es ist ein Gedicht über das Altwerden und das Sterben, gegen das Thomas sich auflehnt, und die Zeile lautet:

«Geh nicht so fügsam in die dunkle Nacht ...»

Geht nicht so fügsam, hätte ich verzweifelt den verzweifelten Menschen zurufen wollen, aber ich schäme mich immer sofort für diesen Gedanken – denn auf den Bildern sehe ich auch die Nazis in Uniformen und mit Waffen, und in den Büchern lese ich, wie man die Juden erniedrigt, gequält, misshandelt, vertrieben, eingepfercht, aller Rechte beraubt und schließlich kaserniert und gemordet hat. Wer hätte sich da schon auflehnen können, was blieb denn noch anderes übrig, als fügsam in die dunkle Nacht zu gehen bei diesem akribisch geplanten Massenmord! Es käme einer Schuldzuweisung an die Opfer gleich, würde man Widerstand von ihnen erwarten wollen. Wir, die Täter, haben fügsam die dunkle Nacht mit allem Grauen erdacht, mitgetragen, gewollt, geduldet, möglich gemacht – so herum ist es richtig. Und doch bleibt der bohrende Gedanke: War denn kein Aufmucken denkbar, keine Gegenwehr möglich, waren nicht wenigstens hinterher brennender Hass und gnadenlose Rache an der Tagesordnung?

Und dann plötzlich dieses kleine Buch. Von 1938 ist die Geschichte. Ich habe sie im Jahr 2000 gelesen und bin hier einem Juden begegnet, der sich gerächt hat, der zurückgeschlagen und einen der Mörder vernichtet hat. Und er tut das aus dem freien Land Amerika heraus, in dem er ungefährdet lebt, und nur, indem er Briefe an seinen Feind schickt. Briefe, die es in sich haben wie eine Tretmine – einmal geöffnet, gibt es kein Zurück mehr. Die Mine explodiert, der letzte Brief kommt nach vierzehn Tagen an den Absender zurück: «Adressat unbekannt.» Treffer.

Vielleicht ist es unter anderem auch das, was den ungeheuren Erfolg dieses kleinen Buches ausmacht: dass wir beim Lesen eine heimliche Erleichterung verspüren darüber, dass einer zurückgeschlagen und gewonnen hat, wie traurig, enttäuscht, verzweifelt und unter welchen Opfern auch immer. Er hat es ihm gezeigt, diesem Nazi Martin Schulse, der sein Feind ist, der das Leben seiner Schwester auf dem Gewissen hat. Und er hat es ihm so subtil und perfide gezeigt, dass nicht einmal Gewalt im Spiel sein musste – Worte genügten. So stark sind Worte? Ja, so stark.

Aber wir müssen früher beginnen.

Denn Martin Schulse war nicht immer der Feind von Max Eisenstein. Im Gegenteil: Er war sein Geschäftspartner, sein bester Freund, der Geliebte seiner Schwester. Innigere Freundschaftsbriefe als die, die sich Max und Martin bei ihrer Trennung 1932 schreiben, lassen sich kaum denken. Der eine, Martin, geht mit seiner Frau und den Kindern nach Deutschland zurück. Der andere, Max, bleibt in Amerika und leitet die gemeinsame Kunstgalerie weiter. Der Abschied fällt beiden schwer, zumal der Jude Max seufzt: «Mir geht dein Geschick im Umgang mit den alten jüdischen Matronen ab», die doch die besten Kundinnen sind! Aber

Max versteht die Rückkehr des Freundes: «Du findest ein demokratisches Deutschland vor», schreibt er am 12. November 1932, «ein Land mit einer tief verwurzelten Kultur, in dem der Geist einer wunderbaren politischen Freiheit aufzublühen beginnt.»

Es schaudert uns, solche Sätze zu lesen. Hat man das wirklich geglaubt damals? Martin antwortet, erzählt von Hindenburg, den er für einen feinsinnigen Liberalen hält. Schon im nächsten Brief vom Januar 1933 fragt Max: «Wer ist dieser Adolf Hitler, der in Deutschland augenscheinlich an die Macht strebt? Was ich über ihn lese, mag ich gar nicht.» Martin berichtet, dass Hitler eine Art «elektrischer Schock» und «gut für Deutschland» sei. Er schreibt auch von der SA, die bereits Gesichter blutig schlägt und böse antijüdische Hetze treibt, «aber diese Dinge gehen vorüber», und öffentlich äußern mag sich Martin dazu nicht, denn er hat schon einen Posten in der neuen Regierung, führt ein offenes Haus, macht Karriere. Sein neugeborenes Kind wird Adolf heißen. Wir haben erst rund zwanzig Seiten gelesen, wir sind erst beim vierten Brief, und uns stockt schon der Atem. Was entwickelt sich da? So also war das damals – so schnell ging das mit der Anpassung? So fest schloss man die Augen vor den beginnenden Verbrechen und sagte: «Diese Dinge gehen vorüber.»? Wir beginnen millionenfach angepasstes Mitläufertum zu ahnen und fürchten zu Recht um die Freundschaft zwischen Max und Martin.

Sie zerbricht in rasender Geschwindigkeit, von Brief zu Brief. In den USA der eine, der verzweifelt fragt, bittet, mahnt, in Deutschland der andere, der kühl zurückweist, schließlich feststellt, dass es ihm unmöglich sei, noch länger mit einem Juden zu korrespondieren. Das ist im Juli 1933.

Und er spricht nach, was er täglich liest und hört: «Die jüdische Rasse ist ein Schandfleck für jede Nation.» Er versteigt sich zu Sätzen wie: «Vierzehn Jahre lang haben wir unseren Kopf unter der Schmach der Niederlage gebeugt. Wir haben das bittere Brot der Scham und die dünne Suppe der Armut gegessen.»

Wir? Martin hatte in den USA gelebt, mit dem Freund eine gut gehende Galerie geführt und an das Deutschland nach dem Ersten Weltkrieg wohl kaum gedacht. Aber jetzt heißt es allerorten WIR: «Wir reinigen unseren Blutstrom von minderwertigen Elementen.» Und dem jüdischen Freund schreibt er den ungeheuerlichen Satz: «Ihr lamentiert immer, aber ihr seid niemals tapfer genug, zurückzuschlagen. Deshalb gibt es Pogrome.»

Dreißig Seiten haben wir jetzt ungefähr gelesen. Nie war ein dramatischer Höhepunkt in einer Geschichte derart schnell erreicht, der Schock ist groß, wie soll das noch gut ausgehen?

Es geht nicht gut aus. Der Jude Max schlägt zurück, wie man es schließlich ja von ihm erwartet. Einmal bittet er noch um Hilfe für seine Schwester Griselle, die der «Freund» doch schließlich einst geliebt hat. Nicht nur wird die Hilfe verwehrt, die Schwester stirbt Ende 1933 durch Mitschuld Martins. Briefe an sie kommen mit dem Vermerk «Adressat unbekannt» zurück – hier klingt das Motiv schon einmal an. Drei Monate später kommt der letzte Brief von Max an Martin ebenfalls zurück mit dem Vermerk «Adressat unbekannt». Wie Max das schafft, werden Sie selbst lesen. Und Sie werden sich vor Ekel schütteln, als Martin nun, da es ihm an den Kragen geht, noch einmal die alte Freundschaft beschwört, die er doch zuvor so energisch aufgekündigt hatte. Ich habe nie auf weniger Seiten

«Adressat unbekannt» | 223

ein größeres Drama gelesen. Diese Geschichte ist meisterhaft, sie ist mit unübertrefflicher Spannung gebaut, in irritierender Kürze, kein Wort zu viel, keines fehlt. Ohne Umschweife werden exemplarische Lebensgeschichten erzählt, wird Zeitgeschichte dokumentiert. Der Jude ist kein Gutmensch, der sich alles bieten lässt, sondern liefert die Mörder selbst ans Messer. Und: Der Deutsche ist kein sadistischer Unhold, sondern ein angepasster, karrierebesessener Mitläufer, ein opportunes Würstchen. Wenn es um Leben und Tod geht, das zeigt die Autorin, dann geht es nur noch ums Überleben. Dann spielt Menschlichkeit keine Rolle mehr, auf beiden Seiten nicht.
Das alles hat eine Frau geschrieben, die niemand kennt und kannte, die nie vorher und nie nachher von sich reden machte: Kathrine Kressmann Taylor, die als Autorin sogar ihren Vornamen wegließ. Sie war Werbetexterin in New York, verheiratet, Mutter dreier Kinder, mehr wissen wir nicht von ihr. Ein paar echte Briefe soll es gegeben haben, die sie zu dieser Geschichte inspirierten. Sie veröffentlichte «Address Unknown» zuerst 1938 im New Yorker *Story Magazine* – das war das Jahr, in dem Charlie Chaplin seine Hitler-Parodie «Der große Diktator» drehte. Es ist eine Geschichte in achtzehn Briefen und einem Telegramm, und die Resonanz war enorm. Ein Nachdruck erschien kurz darauf in *Reader's Digest*, eine Buchausgabe hatte 1939 großen Erfolg, und dann geriet das kleine Meisterwerk in Vergessenheit, bis *Story* es im Sommer 1992 angesichts der zunehmenden Rechtsradikalität, weltweiten Fremdenfeindlichkeit und des wachsenden Antisemitismus noch einmal abdruckte. 1995 erschien es in den USA bei *Simon & Schuster* als Buch, bald darauf endlich auch in Europa. In Frankreich gelangte das Buch in die Bestsellerlisten, in

Deutschland wurde es viel gelesen, gelobt, rezensiert, aber ich denke, eine viel größere Öffentlichkeit sollte ihm beschieden sein. Nie wurde das zersetzende Gift des Nationalsozialismus eindringlicher beschrieben. «Adressat unbekannt» sollte Schullektüre werden, Pflichtlektüre für Studenten, es sollte in den Zeitungen abgedruckt und in den Cafés diskutiert werden.

Jetzt liegt eine Taschenbuchausgabe vor. Ich würde wieder mehr Vertrauen in dieses Land haben, wenn ich diese Taschenbuchausgabe in den nächsten Monaten und Jahren aus vielen Jackentaschen ragen sähe. Ich träume von einer morgendlichen vollen U-Bahn in Berlin, in der Hunderte von Menschen Kressmann Taylor lesen, aufsehen und sich mit Blicken gegenseitig versichern: Nie wieder.

Ja, das ist sentimental. Aber ich vertraue auf die Kraft von Büchern. Ich glaube, dass Millionen Deutsche Sätze formuliert und gedacht haben wie Martin Schulse. Ich glaube, dass Millionen Deutsche nicht wirklich wollten, dass Millionen von Menschen in Auschwitz, Buchenwald, Theresienstadt eingesperrt und ermordet werden würden. Aber wir heute wissen, dass es eben da endete. Wir wissen es. Und das genau macht die Dramatik dieser kleinen, starken Briefnovelle aus.

Veröffentlicht als Vorwort in *Adressat unbekannt*
von Kressmann Taylor
rororo Taschenbuch 23093, 2002

Jetzt leben!

Ilja Iljitsch Oblomow, 32 Jahre alt, liegt im Bett und denkt über einen Brief nach, den ihm der Verwalter seines Gutes geschrieben hat: Von Missständen ist da die Rede und von der Notwendigkeit dringender Reformen. Und was tut Oblomow, der Held meines gleichnamigen Lieblingsromans von Iwan Gontscharow?
«Kaum war er aufgewacht, nahm er sich vor, unverzüglich aufzustehen, sich zu waschen, Tee zu trinken, gründlich nachzudenken, dies und jenes zu erwägen, sich Notizen zu machen und sich überhaupt mit der Angelegenheit so zu beschäftigen, wie es sich gehört. Dennoch blieb er noch eine halbe Stunde liegen und quälte sich mit diesem Vorsatz, bis ihm einfiel, dass er alles nach dem Teetrinken machen und den Tee wie gewöhnlich im Bett trinken könnte, zumal ihn ja nichts daran hinderte, auch im Liegen nachzudenken. So tat er denn auch.»
Und so tut er auch weiterhin, fast 700 Seiten lang, bis er stirbt, ohne in seinem Leben irgendetwas je geregelt oder unternommen zu haben.
Oblomow ist der größte Zauderer und Aufschieber in der Literatur, und ich liebe ihn, weil ich dazu neige, das, was ich will, sofort zu tun. Und das ist oft, sehr oft, falsch, und ein bisschen Oblomow'sches Aufschieben wäre manches liebe Mal viel besser gewesen. Aber wir haben ja als Kinder schon gelernt: «Was du heute kannst besorgen, das verschiebe nicht auf morgen», und auch wenn wir dieses strenge elterliche Sprichwort später verballhornt haben zu «Was

du heut nicht willst besorgen, das verschieb getrost auf morgen» – es steckt uns doch in den Knochen, dieses «heute besorgen». Was weg ist, ist weg, hat meine Mutter immer gesagt, und über meinem Schreibtisch hing lange ein Zettel, auf dem mit rotem Filzstift warnend stand: «First things first!» Zuerst das Wichtigste tun!

Was aber ist das Wichtigste, außer Müll runterzubringen, zum Zahnarzt oder zur Vorsorgeuntersuchung zu gehen, den Pass zu verlängern? Ist es, jetzt endlich in die Karibik zu fliegen? Ein Jahr Auszeit zu nehmen, wovon man seit zehn Jahren träumt? Endlich mit dem Klavierspielen anzufangen?

Jeder hat Wünsche und Sehnsüchte, Träume und Pläne, die er vor sich herschiebt. Und jeder hat einen Alltag, der ihm ein Funktionieren abverlangt, tägliche Pflichten auferlegt, die Träume erst mal unter «ferner liefen» abhakt. Wenn ich erst groß bin …! Wenn ich erst verheiratet bin …! Wenn ich erst Kinder habe …! Wenn ich genug Geld habe …! Wenn ich pensioniert bin, dann aber …!

Ja, was dann? Wenn wir endlich groß sind und nicht mehr um acht ins Bett müssen, gäben wir etwas darum, noch mal schon um acht ins Bett gehen zu dürfen. Das Verheiratetsein haben wir uns schöner vorgestellt, und bei den Kindern wiederholen wir die Fehler, die unsere Eltern mit uns gemacht haben. Und Geld? Wann ist es genug, kann das jemand beantworten? Und was das Leben in der Rente betrifft: Eines meiner ersten Drehbücher für ein Fernsehspiel hieß «Der Rest des Lebens». Heidemarie Hatheyer und René Deltgen spielten darin ein altes Ehepaar, das sich darauf freut, dass der Mann endlich pensioniert wird. Dann nämlich will man all das nachholen, was das Leben an Freuden so lange vorenthalten hat. Muss ich erzählen, dass es dazu natürlich nicht kommt? Es gibt ja sogar ein Fachwort dafür, es heißt «Pensionierungsschock», und wer in seinem ganzen Leben nicht gelernt hat, auch seine eigenen Wünsche und Bedürfnisse zu befriedigen, der lernt es bestimmt dann nicht mehr, wenn plötzlich alle Aufgaben wegfallen und der Tag mit 24 Stunden vor einem liegt und tückisch fordert: So, nun mach mal. Du wolltest doch so viel Neues und Schönes tun, wo ist jetzt deine Kraft? Weg ist sie, aufgezehrt. Zu lang aufgeschobene Wünsche brennen nicht mehr, zu tief weggepackte Träume sind von den Motten zerfressen. Aufgeschoben ist eben doch aufgehoben, und was zu lange währt, wird nicht endlich gut, sondern zerbröselt unter den Händen. Im Film stirbt René Deltgen, seine Frau bleibt allein zurück, die Kinder lösen die Wohnung auf, schieben ihre Mutter ab ins Heim, «da hast du es doch schön!», und da sitzt sie nun und denkt darüber nach, wo es eigentlich geblieben ist, das Leben.

«Life is what's happening to you while you're busy making other plans.»
Leben, sagt der große John Lennon, ist das, was passiert, während du damit beschäftigt bist, Pläne zu schmieden.
Es gibt Menschen, die planen ihr Leben genau: nach dem Studium heiraten, das Haus bauen, die Kinder kriegen, vorher noch die Lebensversicherungen abschließen, die Reise nach Amerika machen. Und es gibt Dichter wie Bertolt Brecht, die feixend schreiben: «Ja, mach nur einen Plan ...», denn funktionieren müssen die Pläne zwangsläufig gar nicht, und das Leben geht durchaus seine eigenen Wege.
Wie weit machen wir überhaupt unser Leben selbst, wie weit wird es «gemacht», beeinflusst von Krankheit und Krieg, Trennung, Tod, äußeren Einflüssen, die sich nicht

vorhersehen oder verhindern lassen? Und dann stehen wir plötzlich da, und alles, was gestern noch galt, ist heute über den Haufen geworfen – die Popsänger wissen mehr als nur einen Song davon zu singen: «Yesterday, all my troubles seemed so far away» oder «What a difference a day makes – twenty-four little hours!»

Heißt das denn nun aber: Wir planen besser gar nichts, weil ja erstens sowieso alles anders kommt, als man zweitens denkt? Der Mensch denkt, Gott aber lenkt? Auch das haben wir verballhornt: Der Mensch dachte, Gott lachte. Und gegen dieses Lachen Gottes setzen wir trotzig unsere Pläne und Träume: Einmal alle Achttausender besteigen! Es gibt ja Leute, die so etwas schaffen – wir nennen sie fanatisch, leidenschaftlich, besessen. Einmal die Welt umsegeln, das ist zu machen. Das ist vielleicht sogar einfacher zu bewerkstelligen, als wirklich mit vierzig noch ein Klavier anzuschaffen, Stunden zu nehmen, «Fuchs, du hast die Gans gestohlen» zu üben, jeden Tag, bis man endlich die erste kleine Etüde spielen kann – mühsam, kann ich Ihnen sagen, ich weiß, wovon ich schreibe, ich habe es so gemacht. Aber es war ein Traum seit meiner Kindheit: Klavier spielen! Jetzt spiele ich, entsetzlich dilettantisch und sehr gerne und sehr vergnügt. Es hat sich also gelohnt. Andere Träume sind versackt, versandet, oder sie erwiesen sich bei Erfüllung als Blindgänger.

Ich bin ein Mensch, der nicht so sehr zum Aufschieben neigt. Wenn ich finde, ich brauche statt weißer Hängeschränke ab sofort endlich eine feuerrote Küche, dann lasse ich nicht locker, bis die feuerrote Küche da steht, und dann denke ich: Großer Gott, und das die nächsten zwanzig Jahre? Aber was ist schlimmer: eine unerfüllte Sehnsucht oder in drei Teufels Namen dann eben die feuerrote Küche?

Jetzt leben!

Es gibt Irrtümer, na und? Was macht das schon? Die gibt es immer. Schlimmer ist, sich alles zu verkneifen und immer zu sagen: wenn ... dann ... Wenn ich endlich Zeit, Geld, Freiheit habe, dann mache ich Reisen, lege mir Hobbys zu, lerne endlich eine Fremdsprache. Nein, tut man eben in der Regel nicht – denn wenn es drängt, brennt, juckt, wenn man es wirklich will, dann fängt man damit sofort an. Es ist wie mit dem Lesen: Immer wieder sagen Menschen zu mir, wie sehr sie mich darum beneiden, dass ich so viel lese. Das würden sie auch gern! Aber ach, es fehle ja immer die Zeit! Ja, verdammt nochmal, dann tut es doch! Wenn etwas wichtig ist, findet man auch die Zeit dafür, wir haben ja auch Zeit zum Fernsehen, In-die-Kneipe-Gehen, Zeit für den Friseur und fürs Kino. Wenn man es braucht, in ein Buch, in eine Geschichte einzutauchen, wenn man es braucht wie Essen, Trinken, Atmen, dann tut man es auch. Wenn das Buch ewig nur auf dem Nachttisch rumliegt, tja, Freunde, dann braucht man es eben auch nicht und sollte aufhören, damit zu kokettieren. Man hat dann nicht «keine Zeit», man hat kein Bedürfnis, so sieht's aus. Aber wer gibt das schon zu!

Damit sind wir bei dem schönen Thema Lebenslügen und bei dem, was wir uns alle so gern vormachen. Die aufgeschobenen Pläne gehören dazu. Das alles lässt sich gerade in einem Jahrhundertbuch nachlesen, wie wir seit «Krieg und Frieden», «Madame Bovary» oder den «Buddenbrooks» keines hatten: Auf rund 800 Seiten erzählt der amerikanische Autor Jonathan Franzen, Jahrgang 1959, in seinem überwältigenden Roman mit dem spröden Titel «Die Korrekturen» die Geschichte einer Familie – Vater, Mutter, drei erwachsene Kinder, die sich alle selbst und gegenseitig ihr Leben lang etwas vormachen und daran nach und nach zerfallen, zerbrechen. Unspektakulär, jede Lüge, jeder gescheiterte Plan nimmt ein bisschen mehr Lack weg. Und am Ende stehen da statt Menschen nur noch Ruinen. Nur Mutter, Mutter überdauert alles, wie Miss Ellie in «Dallas». Miss Ellie liebt immer und ewig alle ihre Kinder gleich, sieht ihre Nöte nicht, korrigiert nie ihr Bild von der Wirklichkeit, wie sie sie gern hätte, und wenn Miss Ellie – in diesem Fall Enid – eine Kreuzfahrt machen will, dann wird die eben gemacht, auch wenn Gatte Alfred dabei über Bord geht – beinahe. Und wenn sie alle Kinder Weihnachten zu Hause haben will, dann tyrannisiert sie sie so lange, bis sie wirklich kommen. Geht das dann gründlich schief, bemerkt sie es eben nicht, sondern findet es herrlich, dass die Familie mal wieder zusammen ist. Was für ein großartiges Buch über gescheiterte Pläne und Träume!

Ist es nun also besser, aufzuschieben, bis man mehr Zeit und Geld hat, oder geht man mit dem Kopf durch die Wand und will die Wünsche sofort erfüllt sehen? Ich neige zu letzterem, aber das hat mir zweieinhalb Ehen und schmerzhafte Trennungen, ungefähr fünfundzwanzig Umzüge, drei dramatische Universitätswechsel und zahllose völlig missglückte Reisen beschert, mich zu übereilten Autokäufen genötigt und mich, einer Laune folgend, unverzüglich in einem Fitnesscenter eine Anmeldung unterschreiben lassen, nur weil ich gerade da vorbeiging und dachte: Ich bin zu dick. Nie habe ich dort Hanteln oder sonst was gestemmt und bin klammheimlich irgendwann wieder ausgetreten. Aber ab nächste Woche mache ich Diät! Diese Woche geht's noch nicht, der Kühlschrank ist ja noch so schön voll, und am Wochenende sind gleich zwei Partys, aber dann ... Ja, mach nur einen Plan.

Jetzt leben! | 231

Wir schieben nicht nur Träume und Wünsche auf. Wir drücken uns auch vor fälligen Entschuldigungen, Anrufen oder Küssen, bis es zu spät ist. Es gibt Leute, die mit Arbeiten bis auf den letzten Drücker warten, weil sie nur unter Zeitdruck gut sind. Und es gibt die sonnigen Gemüter wie Scarlett O'Hara in «Vom Winde verweht», die Unangenehmes einfach immer auf morgen verschieben – fast wie Oblomow. Auch Scarlett zögert mit ihrer Liebe zu Rhett Butler ein bisschen zu lange – aber das ist wieder eine andere Geschichte, nicht eine von Trägheit, sondern eine von Stolz.

Es ist einfacher, irgendwie weiterzuwurschteln, als sich aufzuraffen und etwas zu ändern. Es ist leichter, zu träumen als zu handeln. Es gibt Wünsche, die wir uns tatsächlich verkneifen müssen, so weh es tut. Das kann zu so makabren Versprechern führen wie dem einer älteren Freundin, die mit ihrem kränkelnden Mann bei uns saß, liebevoll sein Händchen tätschelte und sagte: «Wenn mal einer von uns beiden tot ist, dann zieh ich nach Sylt.»

Manchmal verbauen wir uns unsere Zukunft und unsere Träume auch selbst, auch davon handeln viele Popsongs, zum Beispiel dieser von Kris Kristofferson: «Once my future was shiny... now I love too much, fight too much, stay out late at night too much» – ja, aber man will doch auch leben, ehe man stirbt, oder? «And may I smoke too much, drink too much», na und, «it's a lowdown life, but it ain't gonna pass me by», das Leben ist zwar mies, lässt mich aber wenigstens nicht links liegen, und überhaupt: «The going up is worth the coming down.»

Da haben wir's. Für sein Glück muss man etwas riskieren und nicht alles auf die lange Bank schieben. Faust, der an kein Glück und keine Wunscherfüllung mehr glaubt, for-

dert Mephisto immer neue Tricks und Zauberkunststücke ab, und nichts davon stellt ihn zufrieden. Erst als er Philemon und Baucis, die beiden zufriedenen Alten, vor ihrer Hütte sieht, da ruft er aus: Wie schön! Das will ich auch haben! Und wir wissen ja: «Werd ich zum Augenblicke sagen, / verweile doch, du bist so schön / dann magst du mich in Fesseln schlagen, / dann will ich gern zugrunde gehen.» Das heißt, wenn unsere Wünsche erfüllt werden, sind wir auch schon verloren, das ist wie mit dem ersehnten Apfel im Paradies – ein Biss, und das Paradies war weg, für immer.
Aber das hat auch noch mit Erkenntnis zu tun, mit Klugwerden, und Klugwerden macht das Leben nicht gerade leichter, weil die Illusionen schwinden.

Machen wir also unser Leben selbst? Wird es gemacht? Und wie ist es mit all den Horoskopen, mit den vielen Vorhersagen? Haben die überhaupt irgendeinen Sinn? Nehmen wir alles selbst in die Hand, oder bringt das gar nichts, weil eh alles kommt, wie es kommen muss?
Was weiß denn ich? Ich weiß nur, dass es Wünsche gibt, die einen Menschen umtreiben können, und dass er, wenn er sie nicht wenigstens zu erfüllen versucht, diesen bitteren Zug um den Mund bekommt, den wir so oft bei älteren Menschen sehen, die nur müde abwinken, wenn man sie fragt, wie es ihnen geht. Irgendein Ziel muss man haben und ansteuern – der Sinn des Lebens kann nicht sein, am Ende die Wohnung aufgeräumt zu hinterlassen, oder?
Meine ungefähr gleichaltrige Freundin Elienne, eine Bildhauerin, hatte neulich – von einer Minute auf die andere – einen Herzinfarkt. Sie war schon fast «drüben», sagt sie, man hat sie ins Leben zurückgeholt. Sie sagt auch, klar, ich

bin froh darüber, aber weißt du, es war gar nicht schlimm. Es war sehr friedlich, und ich habe gestaunt, dass das schon alles war, wo ich doch noch so vieles machen wollte ...
Wird sie es jetzt machen? Wahrscheinlich nicht, weil dem, der einmal fast «drüben» war, letztlich nichts mehr wirklich wichtig ist. Alle Anstrengung relativiert sich.
Es gibt einen Aphorismus von Marie von Ebner-Eschenbach (1830–1916): «Zu späte Erfüllung einer Sehnsucht labt nicht mehr! Die lechzende Seele zehrt sie auf wie glühendes Eisen einen Wassertropfen.» Wir haben es in der Hand. Wir können aufschieben, den Keller aufzuräumen, bis das Haus endlich abbrennt oder wir wieder mal umziehen. Wir können auch aufschieben, was wir ersehnen, wir müssen es manchmal auch aufschieben, aber wir sollten es nicht aus den Augen verlieren. Wissen Sie noch, was Goethes Werther seufzt, als er sich nicht aufraffen kann, seine ihn quälenden Lebensumstände zu ändern?
«Ich könnte das beste, glücklichste Leben führen, wenn ich nicht ein Tor wäre. So schöne Umstände vereinigen sich nicht leicht, eines Menschen Seele zu ergötzen, als die sind, in denen ich mich jetzt befinde. Ach, so gewiss ist's, dass unser Herz allein sein Glück macht.» Ja, so gewiss ist's. Und das Herz, das lässt sich schon ein bisschen erforschen und lenken, und ehe es bricht – Werther bringt sich ja schließlich um –, sollten wir da nicht überlegen, ob wir nicht aus diesem einen einzigen kleinen Leben, das wir haben, etwas machen, was dem, was wir uns wünschen, zumindest nahe kommt?
Oblomow, mein trauriger Held, der sein kostbares Leben verträumt, weiß genau, dass da etwas gründlich falsch läuft. Aber es ist schon zu spät, viel zu spät, er kann sich nicht mehr aufraffen: «In meinem Leben hat niemals ein Feuer

gelodert, weder ein erlösendes noch ein vernichtendes. Es war nie wie ein Morgen, der allmählich in Farben und Flammen erbrennt, sich allmählich in den Tag verwandelt, wie bei anderen, heiß lodert und alles zum Kochen bringt, im augenblendenden Mittag sich endet, dann immer stiller und stiller, immer blasser wird und schließlich natürlich und allmählich gegen Abend verlischt – nein, mein Leben begann mit dem Verlöschen.»

Wie entsetzlich traurig. Und wie entsetzlich wahr. Jedes Leben beginnt, genau genommen, mit dem Erlöschen. Jeder Tag ist ein Schritt auf das Ende zu, und wann das kommt, weiß niemand, und dazwischen liegt das Leben, zu kostbar, um alles immer wieder aufzuschieben.

First things first: Die Sehnsucht nach Glück, Abenteuer, der Erfüllung von Träumen gehört dazu. Und auch wenn die Reisen, von denen man träumt, oft viel schöner sind als die, die man tatsächlich macht – auch um das zu wissen, muss man sie ja schließlich gemacht haben.

Paolo Conte hat ein Lied über die Bauern im Hinterland von Genua geschrieben, die einmal nur das Meer sehen wollen. Sie haben diesen Ausdruck von Sehnsucht im Gesicht, «quella faccia un po' cosi», das jemand hat, der sich nach etwas sehnt. Und dann, eines Tages, fahren sie hin – sie sehen dieses Meer, das sich immer bewegt, auch nachts keine Ruhe gibt, sie sehen, dass die Tage und Nächte am Meer langweilig gleich sind, und sie sehnen sich zurück zu ihrem abwechslungsreichen Hinterland mit den wilden Gewittern. Aber war die Reise vergeblich? Nein: Sie haben jetzt ein anderes Gesicht, «quella faccia un po' cosi, quell' espressione un po' cosi che abbiamo noi che abbiamo visto Genova» – das Gesicht eben von Leuten, die Genua gesehen, die sich einen Traum erfüllt haben.

Und genau darum, sonst um gar nichts, geht es: um diesen Ausdruck im Gesicht, diesen Ausdruck von Zufriedenheit, wenn man etwas nicht nur vor sich herschiebt, sondern auch wirklich tut.

Veröffentlicht in *Brigitte* 24/2002

Elke Heidenreich

«Literatur hat mich Toleranz und Gelassenheit gelehrt.»

Kolonien der Liebe
Erzählungen
3-499-13470-5
Neun ironische, zärtliche, melancholische Geschichten über die Liebe in unserer Zeit. «Kolonien der Liebe», das sind die zufälligen Orte auf dieser Welt, die, vorübergehend, ein wenig Wärme ausstrahlen, aber es sind auch die Orte, an denen Leid, Hass und Kälte die Liebe totschlagen.

Wörter aus 30 Jahren
30 Jahre Bücher, Menschen und Ereignisse
3-499-13043-2
Mit ansteckender, nie nachlassender Begeisterung und Leidenschaft schreibt Elke Heidenreich seit drei Jahrzehnten über die Dinge und Menschen, die sie faszinieren: Literatur, Städte, Reisen, Schriftsteller, Zufallsbekanntschaften und Berühmtheiten.

Best of also … *Die besten Kolumnen aus «Brigitte»*
Lockere, mit klugem Witz geschriebene und ironisch pointierte Texte über scheinbar banale Alltagsthemen, immer mit einem überraschenden Moment, das uns mitten im Lachen einhalten lässt.

3-499-23157-3

**Jonathan Franzen
Die Korrekturen**

«Ein Roman, der die Mehrzahl der Leser glänzend unterhält, ohne die Minderheit zu unterfordern. Ein gewaltiger Roman.» Frankfurter Allgemeine Zeitung

Nach fast fünfzig Jahren als Ehefrau und Mutter ist Enid Lambert entschlossen, ihr Leben ein wenig zu genießen. Alles könnte so angenehm sein, gemütlich, harmonisch – einfach schön. Doch die Parkinson'sche Krankheit hat ihren Mann Alfred immer fester im Griff, und die drei Kinder haben das traute Familienheim längst verlassen – um ihre eigenen tragikomischen Malaisen zu durchleben. Der Älteste, Gary, stellvertretender Direktor einer Bank und Familienvater, steckt in einer Ehekrise und versucht mit aller Macht, seine Depressionen klein zu reden. Der Mittlere, Chip, steht am Anfang einer viel versprechenden Karriere als Literaturprofessor, aber Liebestollheit wirft ihn aus der Bahn, und er findet sich in Litauen wieder, als verlängerten Arm eines Internet-Betrügers. Und das jüngste der Lambert-Kinder, die erfolgreiche Meisterköchin Denise, sinkt ins Bett eines verheirateten Mannes und setzt so, in den Augen der Mutter zumindest, Jugend und Zukunft aufs Spiel.

Außerdem bei rororo erschienen:

Anleitung zum Einsamsein
Essays 3-499-23372-X

3-499-23523-4

Foto: Ashkan Sahihi

**Paul Auster
Das Buch der Illusionen**

«Klüger kann Kino im Kopf kaum sein, kurzweiliger auch nicht.» Brigitte

Professor David Zimmer (bekannt aus «Mond über Manhattan») ist ein gebrochener Mann, seit seine Frau und seine Kinder bei einem Flugzeugabsturz starben. Nur die Arbeit an einem kleinen Buch über einen 1929 verschollenen Stummfilmkomiker namens Hector Mann erhält ihn am Leben. Dann geschieht Seltsames: Auf mysteriöse Weise tauchen Manns verloren geglaubte Filme wieder auf. Und eines späten Abends steht eine attraktive junge Frau vor der Tür von Zimmers Haus in Vermont und fordert ihn auf, sofort mit ihr nach New Mexico zu fliegen: Mann lebe noch und wolle ihn sprechen. Als der ungläubige Zimmer ablehnt, zückt sie einen Revolver. Von da an wird alles anders im Leben des Professors. Er betritt eine Welt, die in allen Farben der Kunst und des Verbrechens, der Liebe und der Leidenschaft schillert, und für einen Moment darf er darin glücklich sein, bevor sie mit einem großen Knall zerplatzt ...

3-499-23526-9

Historische Unterhaltung bei rororo:
Große Liebe, unvergleichliche Schicksale, fremde Welten

Charlotte Link
Wenn die Liebe nicht endet
Roman 3-499-23232-4
Bayern im Dreißigjährigen Krieg: Charlotte Links großer Roman einer Frau, die ihr Schicksal selbst in die Hand nimmt.

Charlotte Link
Cromwells Traum oder
Die schöne Helena
Roman 3-499-23015-1

Magdalena Lasala
Die Schmetterlinge von Córdoba
Roman 3-499-23257-X
Ein Schmöker inmitten der orientalischen Atmosphäre aus 1001 Nacht.

Fidelis Morgan
Die Alchemie der Wünsche
Roman 3-499-23337-1
Liebe, Verbrechen und die geheime Kunst der Magier im England des 17. Jahrhunderts.

Daniel Picouly
Der Leopardenjunge
Roman 3-499-23262-6
Das große Geheimnis der Marie Antoinette. Ein historischer Thriller voller Charme und Esprit.

Edith Beleites
Die Hebamme von Glückstadt
Roman
Das Schicksal einer jungen Hebamme im Kampf gegen Angst und Vorurteile.

3-499-22674-X